김정은 시대 북한의 선택

10년의 변화 10개의 키워드

김정은 시대 북한의 선택
10년의 변화 10개의 키워드

2022년 2월 7일 1쇄 인쇄
2022년 2월 14일 1쇄 발행

지은이	겨레하나 평화연구센터
펴낸이	김은희
펴낸곳	블루앤노트
디자인	정면

주소	서울시 마포구 마포대로4다길 4, 101호
출판등록	제313-2009-201호
전화	02) 718-6258
팩스	02) 718-6253
E-mail	bluenote09@chol.com

ⓒ 겨레하나 평화연구센터. 2022
ⓒ 블루앤노트

ISBN 979-11-85485-10-2 (03340)

정가 18,000원

*잘못된 책은 바꿔 드립니다.
*저자와의 협의하에 인지는 생략합니다.
*이 책의 내용과 사진의 무단 복제를 금지합니다.

김정은 시대 북한의 선택

10년의 변화 10개의 키워드

겨레하나 평화연구센터 지음

길그림

책을 펴내며

　　　　김정은 국무위원장 겸 조선노동당 총비서가 집권한 지 만 10년이 넘었다. '강산도 바뀔 만한 시간'이라고 지겹도록 들었던 10년이다. 그 사이 남쪽에서는 대통령이 두 번 바뀌었고, 조만간 또 바뀔 예정이다.

　북한을 관찰하고 분석하는 일을 업으로 하는 겨레하나 평화연구센터 연구자들의 눈에 김정은 시대 북한은 정말 많이 변화했다. 이에 비해 북한에 대한 외부세계의 인식은 크게 달라지지 않았다는 것이 우리의 판단이고, 그래서 이 책을 내기로 했다.

　평창 동계올림픽, 세 번의 남북정상회담, 사상 최초의 북미정상회담 등 대화국면이 활짝 열린 2018년에 우리는 예전과 크게 달라진 평양의 모습을 많이 볼 수 있었다. 하지만 우리 머릿속에 각인된 북한의 이미지는 쉽게 변하지 않았다.

　우리 센터 소속 연구자가 '현대북한의 이해'라는 수업시간에 2019년 북한의 신년사 동영상과 연설문을 보고 '북한은 어떤 생각을 하고 있을까', '김정은이라는 북한의 지도자는 어떤 구상을 갖고 있을까'를 염두에 두고 감상문을 써서 제출하라고 했다. 대다수 학생들이 "북한도 이런 계획을 발표하네요" 라며 신기해했고, "경제라는 단어가 이렇게 많이 등장할 줄은 몰랐다"는 반응이 많았다. 핵과 미사일 얘기만 가득 찼을 것이라는 예상과는 크게 달랐다고 하면서.

독일 대학에서 강의하는 센터 소속 연구자는 '북한의 이해' 수업에서 학생들에게 북한에 대해 자신이 가진 이미지를 자유롭게 쓰라는 과제를 냈다. 대부분 한국학 전공 학생들이라 언론에서 말하는 것과는 조금이나마 다른 시각을 갖고 있을 것이라 기대했지만 완전 착각이었다. 거의 모든 학생들이 북한의 부정적인 측면만 강조된 일반적인 통념을 공유하고 있었다.

많은 사람들이 굶주리거나 탈출하려고 애쓰는 나라, 김정은 한 명이 마음대로 다스리는 독재국가, 핵무기를 비롯한 살상 무기를 만들어 자신들(유럽 사람)을 위협하는 나라, 대부분의 주민들은 세뇌당한 상태이고, 지배자의 마음에 들지 않으면 쉽게 죽임을 당하는 나라 등등. 이렇게 시간이 지나고 나라와 지역이 달라도 한국이나 독일의 북한에 대한 이미지는 크게 달라지지 않았다.

그나마 눈에 띄는 북한의 변화가 있어도 '그런다고 달라지겠어?' 하고 평가절하 되기 십상이다. 2019년 어느 날 인터뷰 중 기자가 필자에게 '북한이 과학기술로 제재를 극복하고 경제를 발전시키려고 한다는데, 과연 성공할 수 있겠냐?'고 물었다. 이에 '당연히 어려운 목표이지만 그들이 택할 수 있는 유일한 길이기 때문에 계속 시도할 것'이라고 답했다.

그런데 그 기자는 인터뷰 중간중간 '실패하지 않겠냐?'는 질문을 반복했고, 필자도 같은 답을 되풀이하다가 마지막에 '저는 연구자이지 무당이 아니라서 성공할지 실패할지 모르겠다'고 했다. 한 시간 정도 진행한 그 인터뷰는 결국 기사화되지 못했다.

북한의 20년 전 이미지만을 붙들지 않고, 북한의 성공과 실패를 섣불리 점치지 않고, 현재의 북한을 이해하는 것은 남북이 하나 되어 평화롭게 살기를 바라는 사람들에게 필수적이다. 남북이 다시는 전쟁의 공포 없이 공존하기만 해도 좋다는 사람들에게도 마찬가지이다.

세 명의 연구자가 쓴 이 책이 '북한의 모든 것'을 다루지는 못했지만, 김정은 시대 북한에 대한 이해, 미래의 남북관계에 대한 고민에 조금이나마 도움이 되기를 조심스럽게 바란다.

필진을 대표해서
변학문 겨레하나 평화연구센터 소장

차 례

책을 펴내며　　005

시작하며　　변화하는 북한　　012

01 **2012 첫 연설**
김정은정치의 막이 오르다　　023

02 **2013 경제·핵 병진노선**
경제와 국방, 두 마리 토끼 잡기　　041

03 **2014 전민과학기술인재화**
교육개혁을 통한 과학기술인재양성　　059

04 **2015 사회주의기업책임관리제**
금컵체육인종합식료공장과 생산현장의 변화　　079

05 **2016 조선노동당 7차 당대회**
본보기도시 평양과 지방의 변화　　095

06 2017 핵무력 완성
군수의 민수 전환 본격화   121

07 2018 첫 북미정상회담
세기의 만남과 역사적 합의   139

08 2019 자강력제일주의
과학기술에 기초한 경제발전   161

09 2020 정면돌파전
'가장 엄혹한 환경' 속 대응전략   185

보론 북한의 식량상황   204

10 2021 정비보강전략
조선노동당 8차 대회와 15년의 국가비전   215

끝내며   발전전략의 맥락에서 본 김정은 집권 10년   234

2012

김정은 시대 10년의 변화를 상징적으로 보여주는
평양 시내 과학기술전당과 미래과학자거리 풍경

시작하며

변화하는 북한

고난의 행군이 끝난 지 20년이 넘었다. 36년간 열리지 않던 조선노동당 당대회는 2번이나 열렸다. 최고지도자가 바뀌고 변화의 속도는 더 빨라진 느낌이다.

2012년부터 김정은 체제가 시작되었으니 올해로 집권 10년이 된다. 10년 동안 북한 사회는 놀라울 정도로 많은 변화를 보였다. 정책과 노선도 많이 바뀌었고, 경제 상황도 달라졌다.

평양에 수많은 아파트가 건설되고, 경공업과 농업을 '주공전선'으로 설정하고, 과학기술 인재를 육성하기 위해 교육제도를 개편하고, 기업들에게 경영의 자율권을 부여하는 등 북한이 추진하는 새로운 시도들은, 생소한 이야기들이거나 믿을 수 없는 이야기일 뿐이다.

북한의 어두운 이미지를 상징했던 식량난, 가동을 멈춘 공장도 이제 옛말이 되었다. 2018년 탈북한 사람들을 대상으로 한 설문조사에 따르면 탈북하기 전, 하루 세끼 이상을 먹었다고 응답한 사람이 88%, 하루 두 끼를 먹었다는 사람은 10%였다. 고기도 거의 매일 먹었다는 응답자가 47%, 일주일에 한두 번 먹었다는 응답자는 16%였다.

2019년 북한의 곡물 생산량은 657만 톤을 기록했다. 북한이 설정한 목표가 700만 톤이니 목표량의 93.8%까지 육박한 것이다. 2020년 자연재해와 농자재 부족으로 다시 550만 톤으로 줄었지만 고난의 행군 시절처럼 굶어 죽는 수준은 벗어났다.

공장 역시 완전히 정상 가동된다고 볼 수는 없지만, 지난 10년 동안 현대적인 본보기 공장들이 곳곳에 들어서고 있다. 2013년에는 첫 무인공장까지 만들어졌다. 우리에게 잘 알려지지 않았지만 북한은 1998년부터 과학기술발전 5개년계획을 세우고 컴퓨터를 통한 수치제어장치인 CNC(Computer Numerical Control)를 개발했다.

2000년대 초부터 여러 공장에서 CNC 관련 공작기계들을 제작했다. 과학기술발전계획은 CNC에서 성과를 낳고 CNC는 북한 정책의 핵심 요소가 되었다. CNC 기술은 로켓 기술과 연동되어 미사일 개발에도 영향을 미쳤다.

평양 거리에 세워져 있는 CNC 관련 구호판

　우리에게 익숙한 핵과 미사일 관련해서도 북한은 "미국을 핵으로 위협할 수 있는 전략국가"가 되었다고 자평하고 있으며 공식적이든 비공식이든 핵을 가진 나라가 되었다.

　2017년 핵무력 완성 이후 대외관계는 상당히 개선되었다. 시진핑 중국 주석이 평양을 방문하는 등 북중정상회담이 다섯 차례 진행되었고 정상 간 친서가 교환되고 있다. 러시아와의 관계 역시 복원되는 모양새다. 코로나 방역조치로 국경이 열리지 않아 좀 더 지켜봐야겠지만 고난의 행군 시기의 대외관계에 비할 바가 아니다.

북한의 변화가 수용되지 않은 한국사회

김일성 시대의 키워드가 '주체'였다면 김정일 시대의 키워드는 '선군'이었다. 김정은 위원장은 '인민'을 선택했다. 북한은 사회주의 정치·경제 체제를 고수하면서도 변화를 모색해왔다.

북한도 다른 나라들처럼 그들의 필요와 요구에 따라 변화를 시도하는 나라이다. 그 시도가 성공하기도 하고, 실패하기도 하고, 어쩌면 아주 느린 속도로 성공하고 있어 성공으로 평가되지 못하는 경우도 있다. 그러나 최소한 북한은, 우리가 생각하는 것 이상으로 변화를 위해 몸부림치는 국가이다. 선거 결과에 따라 정권이 바뀌는 정치 체제가 아니기 때문에, 북한의 변화가 외형적으로 잘 드러나지 않을 뿐이다.

북한이 변하지 않는 것이 아니라 오히려 우리가 북한의 변화를 감지하지 못하고 있다. '변화를 거부하는 북한'으로 규정하고 있다. 북한의 변화가 외부세계가 바라는 변화가 아니기 때문이다. 외부세계가 바라는 북한의 변화는 사회주의를 포기하고 '개혁개방'으로 나오는 것이다. 조선노동당 일당 독재와 핵, 미사일을 포기하는 것이다. 그러나 북한은 여전히 조선노동당의 '유일적 영도' 아래 사회주의를 고수하고 있다. 핵과 미사일도 미국을 위협할 수 있는 수준에 도달했다.

우리의 시선은 여전히 고난의 행군 시기 북한에 머물러있다. 북한의 과거에 고착되어 있는 셈이다. 이런 시선으로는 북한의 미래를 알 수 없고, 남북관계를 전망할 수도 없다. 북한을 어둡고 희미하게 덧칠해 놓았던 안개를 걷어내고 있는 그대로의 북한을 봐야 한다.

이 책은 이 같은 문제의식에서 기획되었다. 2007년까지 증가하던 남북 교류협력 사업들이 줄어들고 접촉이 잦아들면서 우리 사회는 북한의 변화에 점점 둔해져 갔다. 그새 북한에 새로운 지도자가 들어선 지 10년이 되었다. 정보의 한계는 여전히 크지만 김정은 집권 10년, 그 변화의 흐름을 추적하고 독자들에게 제공하고자 한다.

김정은 집권 10년, 10개의 키워드

김정은 집권 10년을 대표하는 키워드 10개를 연도별로 선별하고 해당 키워드를 중심으로 지난 10년의 변화를 서술했다.

2012년을 상징하는 키워드는 첫 연설이다. 김정은 위원장은 열병식에 등장하여 "우리 인민이 다시는 허리띠를 졸라매지 않도록 하겠다"는 포부를 밝혔다. 새 세기 산업혁명으로 경제를 반드시 일떠세우겠다는 결심을 피력하기도 했다. 이날의 연설은 인민대중제일주의로 정식화되는 김정은정치의 서막이었다.

2013년의 키워드는 경제·핵 병진노선이다. 많은 사람들이 병진노선을 경제를 포기하고 핵무기 강화를 선택한 것으로 오해한다. 그러나 병진노선은 경제도 포기하지 않겠다는 선언이다. 10년 만에 경공업대회가 열리고 전국 과학자기술자대회가 개최되었고, 제4차 과학기술발전 5개년계획이 시작되었다. 병진노선 선포와 함께 '과학기술에 기초한 경제발전'이 시도되고 새 세기 산업혁명이 본격화되었다.

2014년의 키워드는 전민과학기술인재화이다. 김정은 시대의 북한은 과학기술을 국가 발전의 핵심동력으로 간주한다. 과학기술 인재 교육을 위해 2014년부터 12년제 의무교육이 시작되었다. 모든 주민들이 대학 졸업 수준의 과학기술 지식을 갖추기 위해 '전 국민의 이과화'를 추진했다.

2015년의 키워드는 사회주의기업책임관리제이다. 내셔널지오그래픽 방송을 보면 북한 경제 전문가가 나와 사회주의기업책임관리제를 설명하는 대목이 나온다. 그에 따르면 북한 기업은 이익의 12.5%를 '국가납부금'으로 내고 나머지는 근로자 임금 인상, 생산 투자, 근로자 복지 개선의 항목 내에서 기업이 자유롭게 자금을 운용한다.

사회주의기업책임관리제는 개별 기업들이 능력껏 경영해서 수익을 창출하고, 그 수익의 처분권을 포함한 경영권을 보장함으로써 생산의욕과 생산성을 높이려는 의도에서 시작되었다. 계획경제가 갖고 있는 사회주의 경제관리를 개선하여 계획경제가 갖고 있는 한계를 극복하려는 시도라고 볼 수 있다.

2016년은 조선노동당 7차 당대회를 키워드로 뽑았다. 정치군사강국, 과학기술강국, 경제강국, 문명강국의 면모를 갖춘 사회주의 강국 건설을 당면 목표로 제시했다. 36년 만에 당대회를 열고 미래비전을 제시한 것이다.

창전거리, 은하과학자거리, 김일성종합대학 교육자살림집, 김책공업종합대학 교육자살림집, 위성과학자거리, 미래과학자거리, 려명거리 등으로 대표되는 평양 리모델링은 2012년 김정은 집권과 동시에 시작되었

김정은 집권 10년 주요일지

2011	12.17 김정일 국방위원장 사망
	12.30 김정은 인민군 최고사령관에 추대
2012	4.11 노동당 제1비서·당 중앙군사위원회 위원장에 추대
	4.13 김정은 국방위 제1위원장에 추대
	12.12 은하 3호 2호기 발사, 위성궤도 진입 성공
2013	2.12 3차 핵시험
	3.31 '경제·핵무력 병진노선' 채택
2014	1.1 김정은 신년사 "남북관계 개선 분위기 마련" 촉구
	2.20 금강산 남북 이산가족 상봉
2015	10.20 금강산 이산가족 상봉
2016	1.6 제4차 핵시험
	2.7 광명성 4호 위성 탑재 '광명성호' 발사 성공
	2.10 한국, 개성공단 가동 전면 중단 결정 발표
	5.6~9 조선노동당 제7차대회 개최
	6.29 김정은 국무위원회 신설 국무위원장에 추대
	8.24 첫 잠수함발사탄도미사일(SLBM) 북극성-1형 수중 발사
	9.9 제5차 핵시험
2017	9.3 제6차 핵시험, "ICBM 장착용 수소탄 시험 완전 성공" 발표
	11.29 ICBM 화성 15형 발사, 김정은 '국가핵무력 완성' 선언
2018	2.9 김영남·김여정, 평창올림픽 개회식 참석
	3.25~28 베이징서 북중 1차 정상회담
	4.27 제1차 남북정상회담 판문점선언 채택
	5.7~8 다롄서 2차 북중 정상회담
	5.24 풍계리 핵실험장폐기
	5.26 제2차 남북정상회담
	6.12 제1차 북미정상회담(싱가포르)
	9.14 개성공단 남북공동연락사무소 개소
	9.18~20 평양서 제3차 남북정상회담. 9.19 평양공동선언
2019	2.27~28 하노이서 제2차 북미정상회담 합의문 없이 결렬
	6.20 시진핑 방북
	6.30 판문점 남북미 정상회동
2020	6.16 개성공단 남북공동연락사무소 폭파
	10.10 다탄두 탑재 추정 ICBM 화성-17형 공개
2021	**1.5~12 조선노동당 제8차대회 개최**
	10.4 남북 통신연락선 재복원

다. 2016년 당대회에 참가하기 위해 평양을 찾은 전국의 당대표들은 수도 평양의 눈부신 변화에 자부심을 가졌을 것이다. 7차 당대회를 전후해 북한은 평양을 넘어 지역으로까지 리모델링을 확산하고 있다.

2017년 키워드는 핵무력 완성이다. 그 해 7월에 2차례, 11월에 한차례 대륙간탄도미사일(ICBM)을 시험발사한다. 북이 10,000km 이상을 비행할 수 있는 능력을 가졌다고 국제사회가 평가할 정도로 시험발사는 성공적이었다. 핵탄두를 운반하는 것이 미사일이기 때문에 북한 입장에서 ICBM의 성공은 핵무력 완성의 의미를 갖는 것이었다. 북한은 지구상에서 ICBM을 보유한 네 번째 국가가 되었다.

ICBM의 성공적 개발은 북한 사회 모든 분야에서 혁명적 변화를 가져왔다. 핵무력 개발을 완성함으로써 병진노선은 자신의 역할을 다했고 사회주의경제건설에 온전히 집중할 수 있게 되었다. 적극적인 대남, 대미, 대중, 대러 정책을 추진하는 동기가 되기도 했다.

2018년의 키워드는 첫 북미정상회담이다. 김정은 위원장은 2018년 한 해에 문재인 대통령과 세 번, 트럼프 대통령과 한 번, 시진핑 국가주석과 세 번의 정상회담을 했다. 북한 역사상 한 해에 이렇게 많은 정상외교가 진행된 적이 없다. 모든 회담들은 각각 '세기의 만남'이라고 해도 손색이 없을 정도로 파격적이었다.

그 중 백미는 역사상 처음으로 진행된 북미정상회담이었다. 그러나 만남은 절반의 성공에 그쳤다. 2019년 2월 하노이에서의 북미정상회담이 결국 합의를 도출하지 못한 채 종료되었고 그 후 대화는 중단된 채 대북

2017년 완공된 평양 려명거리 전경. 대성구역의 금수산태양궁전부터 모란봉구역의 영생탑까지 동서 3km에 걸쳐 건설됐다.

제재는 더욱 강화되었다. 2020년 6월 판문점선언의 합의로 만들어졌던 남북공동연락사무소가 폭파될 정도로 남북관계도 다시 악화되었다.

코로나 19 바이러스의 여파로 북중 국경이 봉쇄되면서 북중관계 역시 이렇다 할 속도를 내지 못하고 있다. 그럼에도 2018년 '세기의 만남'이 갖는 의미는 역사적 의미는 사라지지 않을 것이다.

2019년의 키워드는 자강력이다. 북한은 2019년 10월 '자강력'이라는 온라인 기술무역 플랫폼을 만들었다. 기술을 개발하는 사람과 기술을 필요로 하는 사람이 '자강력'이라는 국가컴퓨터망을 이용해 기술 제품을 거래하고 협력하는 전자업무 시스템이다. 과학기술을 생산활동에 적용하는 수준을 넘어 상거래, 정보공유 등 정보통신기술로까지 적용범위를 확대하고 있는 셈이다.

북한은 자신의 역사를 "자강력으로 개척되고 승리하여온 역사"라고 평가한다. 자체의 원료와 연료만으로 '주체철'을 생산하려는 시도는 그것을 상징한다. 다른 나라에 의존하지 않고 자체의 자원과 기술로 철강석을 생산하려면 무엇보다 과학기술이 뒷받침되어야 한다. 북한이 과학기술에 기초한 경제발전 전략을 추진하면서 자강력을 더욱 강조하는 이유라고 볼 수 있다.

2020년의 키워드는 정면돌파전이다. 북한은 2018년 '세기의 만남'을 통해 미국과의 관계 개선 그리고 대북제재의 완화를 시도했다. 2019년 2월 하노이 북미정상회담 당시 북한은 민생 부문 대북제재를 해제하는 조건으로 영변 핵시설을 폐기하려 했다. 그러나 이 같은 구상은 끝내 실패했다. 북한의 입장에서 보자면 미국과 한국이 배신을 한 것이다.

기로에 선 북한은 경제건설총력집중노선의 수정이 아닌 정면돌파를 결정했다. 자력갱생으로 대북제재를 돌파하고 사회주의 경제를 발전시키겠다는 것이다. 오랜 시간 동안 제재 속에서 살아가는 것이 불가피하다는 현실 인식에 기반해 내부적인 힘을 강화하여 모든 난관을 극복하자는 것이 정면돌파전의 요체라 할 수 있다.

마지막으로 2021년의 키워드는 정비보강전략이다. 1월 개최된 8차 당대회에서 김정은 위원장은 "국가경제의 장성 목표들이 심히 미진했다"

고 평가했다. 국제사회에서는 이 같은 평가를 '5개년전략의 목표 달성 실패'를 넘어, '체제의 실패'로 확대해석하는 경향이 있었다. 하지만 목표달성에 실패했을지언정 전략적 방향이 바뀐 것은 아니다.

북한은 전략이나 계획의 수정이 아니라 미진한 부분을 "정비 및 보강"하는 방식을 선택했다. 8차 당대회에서 정비보강의 전략은 세 가지 방향으로 정리되었다. 첫째, 과학적 타산과 근거에 기초해 경제계획을 현실에 맞게 세우는 것, 둘째, 경제사업을 견인할 수 있도록 과학기술을 발전시키는 것, 셋째, 경제사업체계와 질서를 합리적으로 세우는 것이다.

북한은 우리가 생각하는 것보다 훨씬 더 많이 변화했다. 우리가 선정한 10개의 키워드는 김정은 집권 10년의 변화를 대표하는 것들일 뿐이다. 부족하지만 10개의 키워드가 김정은 10년의 북한, 10년의 변화를 있는 그대로 볼 수 있는 계기가 되기를 바란다.

2010년 9월 제3차 당대표자회를 마치고
당 고위간부들과 기념촬영하는 김정일 위원장과 김정은 후계자

2012

2012년
김정은정치의 막이 오르다
첫 연설

김정은 위원장의 집권 첫 해인 2012년은 북한의 '초대 수령'이자 '영원한 주석'인 김일성 주석의 탄생 100돌이 되는 해였다. 북한에서 다양한 정치 행사와 열병식이 열릴 것으로 예측했다. 그러나 김정은 위원장이 열병식 광장에서 직접 연설을 하리라고는 그 누구도 예측하지 못했다.

김정일 국방위원장은 2000년 남북정상회담 당시 "김 대통령이 오셔서 내가 은둔에서 해방됐다는 외신의 보도가 있다"고 스스로 밝힐 정도로 국제사회에 은둔의 정치인으로 알려져 있었다. 1992년 4월 25일 인민군 창건 60주년 열병식에서 "영웅적 조선인민군 장병들에게 영광 있으라"라고 발언한 것이 유일하다시피 할 정도로 김정일 위원장의 모습과 육성은 거의 공개되지 않았다.

그러나 그 후계자는 집권 첫해 대중적인 연설로 아버지와는 다른 모습을 보여주었다. 이후 김정은 위원장은 공을 세운 사람을 업기도 하고, 일을 못하는 사람에게는 불같이 화를 내기도 했으며, 인민들 앞에서 울먹이기도 했다. 그는 대중 앞에 나서는 것을 주저하지 않고, 있는 그대로 솔직하게 드러내는 리더십이라는 평가를 받고 있다.

5년마다 대통령이 바뀌는 우리와 다르게 북한 정치 체제는 장기집권을 전제로 한다. 김 위원장이 아직 30대이니 김정은 집권은 최소 30~40년은 지속될 것이다. '인민'으로 상징되는 김정은 집권 10년의 정치는 어떤 의미와 특징을 갖는지 살펴본다.

2012년 4월 15일 평양 김일성광장에서 열린 열병식 모습과 열병식을 지켜보는 김정은

김정은 위원장의 첫 대중 연설과 '인민'의 등장

김정은 집권 10년은 '인민'으로 상징된다. 2012년 4월 열병식에서 "우리 인민이 다시는 허리띠를 조이지 않게 하겠다"는 김정은 위원장의 발언은 남한사회에서도 상당한 주목을 받았다. 그동안 허리띠를 조이게 했다는 사실을 인정하면서도 앞으로는 반복하지 않겠다는 최고지도자의 다짐을 동시에 밝혔기 때문이다.

2015년 조선노동당 창당 70주년 기념 연설에서는 인민이라는 단어가 97번 등장했고, 우리 언론은 이를 대서특필했다. 핵이라는 단어는 한 번도 언급되지 않았다는 친절한 설명도 덧붙여졌다.

김 위원장은 2020년 조선노동당 창당 75주년 연설에서 인민들에게 10회 이상 고맙다는 인사를 하며 울먹였고, 열병식 광장의 군인들과 인민들은 그 인사를 받으면서 눈물을 글썽였다.

2021년 6월 열린 조선노동당 8기 3차 전원회의에서는 식량 부족 문제를 솔직하게 털어놓기도 했고, 2021년 10월 10일 당 창건 기념일에 진행한 대중강연에서는 "인민들의 식의주 문제를 해결하는 데서 효과적인 5년"을 만들겠다는 "당의 결심과 의지"를 천명했다. 김정은 집권 10년은 인민으로 시작돼서 인민으로 결속되는 모양새이다.

2012년 첫 공개 연설에서 김 위원장은 "일심단결과 불패의 군력에 새 세기 산업혁명을 더하면 그것은 곧 사회주의 강성국가"라고 말했다. 일심단결은 김일성 시대의 '주체'와 관련되고, 불패의 군력은 김정일 시대의 '선군'을 연상시킨다. 선대 두 수령의 업적을 계승하여 자신은 새 세

베일에 가려졌던 후계자 수업 과정

김정은이라는 이름은 대외적으로 알려져 있지 않았다. 한 때 '김정운'이라는 이름으로 우리 언론에 소개될 정도였다. 그러나 김정은 위원장은 최소한 2008년부터 이미 후계자과정을 밟고 있었던 것으로 추정된다.

김정은 위원장의 첫 현지지도는 2008년 12월 자강도 희천청년련합기업소 방문이었다. 당시 북측은 이 같은 사실을 공개하지 않았다. 2010년 12월 22일 조선중앙통신을 통해 2008년 당시 김정일 위원장과 동행했다는 사실을 알렸다. 2009년 4월 5일 위성관제종합지휘소 현지지도에 동행하여 반타격전 훈련을 지휘했다는 사실 역시 2012년 1월 기록영화를 통해 뒤늦게 공개했다.

| 북한 김정일, 김정은의 집권 과정 비교 |

김정일	구분	김정은
당 중앙위 위원 (1974년)	첫 공개 직함	인민군 대장 (2010년 9월 27일)
1980년 6차 당대회 (38세)	후계 공식화 (나이)	2010년 9월 28일 3차 당대표자회의(28세)
정치국 상무위원 비서국 비서 중앙군사위 위원	노동당 직위	중앙군사위 부위원장 중앙위원회 위원
1980년 6차 당대회	주석단 등장	2010년 10월 9일 당창건 65주년 중앙보고대회

기 산업혁명으로 인민이 복을 누리는 사회주의 강성국가를 완성하겠다는 국가비전, 즉 김정은 시대의 좌표를 제시한 것으로 보인다.

'선군'에서 '선민'으로

김정일 시대는 선군이었다. 선군정치의 배경에는 사회주

2012년 4월 15일 평양 김일성광장에서 열린 열병식에서 '일심단결'을 보여주고 있다.

의 국가들의 붕괴, 북중관계보다 한중관계를 우선한 중국의 '배신'과 그에 따른 국제적 고립, 자연재해와 경제난 등이 자리 잡고 있었다. 북한 사람들은 1990년대의 위기 상황에 대해 사회주의 체제를 고수하느냐 아니면 포기하느냐의 문제로 생각했다.

북한은 사회주의 체제를 고수하고 강화하기 위해 선군을 선택했다. 선군은 "인민군대 강화에 최대의 힘을 넣고 인민군대의 힘에 의거"하는 것을 말한다. 군을 앞세워 북한 사회주의 체제를 지키고 경제적 어려움을 해결한다는 것이다.

선군정치에서 '군'은 국내정치적, 대외적, 경제적 차원에서 세 가지를 의미한다. 국내정치적 차원에서, 군은 군대이다. 군대가 흔들리지 않으면 사회주의체제는 흔들리지 않는다는 믿음이다. 대외적 차원에서, 군은 국방력이다. 국방력을 강화해야 미국의 군사적 압박, 전쟁 기도를 막아낼 수 있다고 생각한다.

경제적 차원에서, 군은 국방공업이다. 국방공업을 발전시키면 그 파급효과가 경공업과 농업으로 이어진다는 생각이다. 국방분야는 선군정치의 효과가 그나마 빠르게 나타나지만 선군정치의 경제적 효과는 더디게 나타날 수밖에 없다. 그래서 선군정치에서는 인민이 허리띠를 졸라매는 고통을 감내해야 했다.

현지지도의 변화

김정은 시대 들어와서도 선군은 강조되었고, 경제와 핵을 동시에 발전시키는 병진노선이 추진되기도 했다. 그러나 2012년 현지지도 동선을 보면 군부대 혹은 선군정치와 거리가 먼, 인민들의 생활문화공간과 시설들이 눈에 띈다.

만경대유희장은 1982년 개장한 놀이공원으로, 고난의 행군을 거치면서 폐장 직전의 상태였다. 이를 2012년 4월에 개건하여 지금은 평양을 대표하는 놀이공원이 되었다. 곱등어(돌고래)관이 있는 곳으로 알려진 능라인민유원지 역시

2012년 7월 25일 평양 릉라인민공원 준공식에 리설주 여사와 함께 참석한 김정은 위원장

7월에 준공식을 했다. 준공식에 김정은 위원장이 부인 리설주 여사와 함께 등장했는데, 북한의 퍼스트레이디의 존재가 처음 알려진 현지지도로도 주목을 받았다.

창전거리의 경우 1년 2개월간의 개건 공사를 거쳐 준공되었다. 45층

2012년 완공된 창전거리 아파트와 유람선 대동강호

짜리 아파트와 각종 편의시설, 문화시설이 갖추어져 있다. 김정은 시대의 정책은 아파트와 같은 살림집 건설, 문수물놀이장과 마식령스키장 등 문화시설 건설, 식품공장과 방직공장 등 경공업 설비의 현대화 및 개건 등 그 혜택이 인민에게 돌아가는 것으로 설정되었다. 인민 생활 안정과

| 2012년 당시 현지지도 동선 중 일부 |

4. 26	고기상점 준공식	7. 2	평양양말공장
5. 9	만경대유희장	7. 25	능라인민유원지 준공식
5. 25	창전거리	7. 26	류경원과 인민야외빙상장
5. 27	중앙동물원	9. 5	새로 들어선 창전거리 살림집
5. 30	아동백화점과 살림집	10. 6	개건된 만경대유희장

향상이 모든 정책의 우선순위에 올라왔다.

2013년에도 종합식료가공공장, 수산사업소, 돼지공장, 과수공장(과수원), 버섯공장, 일용품공장, 방직공장 등의 인민들의 의식주 문제를 해결하기 위한 현지지도는 이어졌다. 집권 초기부터 본격화된 인민경제 부문의 현지지도는 김정은 집권 10년 동안 계속되었다.

최고지도자의 현지지도에서 군부대 시찰 비중이 줄고, 인민경제 부문에 대한 비중이 늘었다는 것은 주목할 만한 변화이다. 김정은 시대는 서서히 선군에서 '선민'으로 무게중심을 이동하고 있었다.

인민대중제일주의 배경

2012년을 '인민을 위한 해'로 규정한 북한은 2013년에 '인민대중제일주의'라는 새로운 개념을 내놓았다.

김정은 위원장은 2013년 1월 제 4차 당세포비서대회에서 "김일성·김정일주의는 본질에 있어서 인민대중제일주의"라고 규정하고 "인민을 하늘처럼 숭배하고 인민을 위하여 헌신"하는 것이라고 말한다. 인민대중제

2012년 9월 창전거리 아파트를 방문해 입주민과 담소를 나누고 있는 김정은 부부

일주의정치의 모든 혜택이 인민에게 직접 돌아가도록 하는 정치라고 할 수 있다.

 어느 국가나 인민을 위한 정치를 하는 것은 당연하다. 그러나 북의 인민들은 지금까지 부득이하게 허리띠를 졸라매지 않으면 안 되는 정책을 경험해야 했다. 그러나 이제 대륙간탄도미사일(ICBM)을 보유하기에 이르렀고, 그 결과 미국이 함부로 전쟁을 걸어오지 못할 만큼 국방력은 강해졌다. 더 이상 전쟁과 체제위협에 대한 걱정이 아닌 경제성장에 집중할 수 있는 대외환경이 마련된 것이다.

 당과 국가의 모든 정책이 인민에게 직접 혜택으로 돌아가도록 하는 정치를 펴겠다는 선언, 이것이 인민대중제일주의정치를 사회주의정치방식으로 채택하게 된 북한 지도부의 논리였을 것이다.

2021년 8차 당대회에서는 새로운 정치방식으로 인민대중제일주의정치가 채택되었다. 선군정치의 자리를 인민대중제일주의정치가 대신한 것이다.

세도와 관료주의와의 전쟁

북한은 인민대중제일주의정치를 실현하기 위해 우선 간부들의 세도와 관료주의에 대해 전쟁을 선포했다. 세도와 관료주의를 인민들에게 전달되어야 할 국가 정책의 혜택을 가로채는 가장 큰 폐단으로 보았기 때문이다.

김 위원장은 2013년 4차 세포비서대회에서 "당중앙위원회는 인민대중 중심의 사회주의 화원에 돋아난 독초와 같은 세도와 관료주의를 별초만 할 것이 아니라 뿌리째 뽑아버리기로 단단히 결심"했다고 밝혔다. 세도와 관료주의를 "당사업에서 추호도 용납할 수 없는 주적"이라고 표현했다. "당규율 위반행위들과 세도, 관료주의, 부정부패, 특세, 전횡을 비롯한 일체 행위들을 감독 조사"할 것을 지시하기도 했다.

한편 주택 보급과 물자 공급망 확대에 주목했다. 이미 창전거리, 미래과학자거리, 려명거리 등에 고층아파트단지가 들어섰으며, 8차 당대회에서 평양에 5만 세대 건립 계획을 밝히고 2021년 올해 1만 세대 건설이 시작되었다. 보통강 인근에도 별도의 아파트 단지를 건설하고 있다.

2020년 수해복구 지역의 주택을 전면 새로 건설하는 등 지방에도 많

2012년 5월 평양 만경대유희장을 현지지도하면서 직접 잡초를 뽑는 김정은 위원장. 이때부터 김 위원장은 당 간부들의 관료주의와 사업태도에 대해 비판적인 발언을 시작했다.

은 주택들이 공급되고 있다. 물자 공급을 원활하게 하기 위해 대형슈퍼마켓, 전문상점, 체인점 등 물자 공급망이 확대되고 있으며, 시와 군 단위에 약 2개씩 총 450여 개 정도의 구역시장이 개설되었다. 생활문화시설들을 전국적으로 건립하는 동시에, 경공업 생산 증대 운동을 활발하게 진행하고 있다.

당대회 정상화와 체계화

인민대중제일주의정치가 김정은 시대의 변화라면 또 하나의 뚜렷한 변화는 당 운영과 국가시스템의 정상화이다. 당대회는 당의 가장 큰 의사결정기구이다. 1980년 6차 당대회 이후 한 번도 열리지 않앉던 당대회가 김정은 집권 10년 동안 두 번 개최되었다.

당대회 다음의 의결기구인 당중앙위원회 전원회의 역시 해마다 한 차례 이상 열리고 있다. 당대회와 당중앙위원회 전원회의 외에도 시군당위원장대회, 초급당위원장대회, 당세포대회 등을 정상적으로 개최하고 있다.

당세포는 당원 5~30명 단위로 당세포를 구성하고, 31명 이상인 경우에는 초급당을 구성한다. 당세포와 초급당은 당의 가장 말단기구이면서 당정책 관철의 기수인 셈이다. 5년마다 당대회와 당의 말단조직인 세포비서대회를 개최하기로 당규약을 개정하기도 했다.

북한은 당이 국가를 '영도'하는 사회주의 체제이기 때문에 당 운영의 정상화는 국가운영 시스템의 정상화와 연동된다. 당의 의사결정 시스템이 정상화되고 당회의가 정례화 되고 있다는 사실은 북한 정치가 상당히 안정화되고 있다는 의미이다.

세대교체와 대중단체 운영의 정상화

국가운영에서도 중요한 변화가 감지된다. 국가운영에서 경제분야의 독자성과 전문성, 내각의 권한이 강화되는 양상을 보였다. 경제건설 영역은 내각의 책임과 총리의 권한으로 명확하게 정리했다. 2019년 김정은 위원장이 직접 나서 "(경제사업은) 내각사업이자 당중앙위원회사업이고, 당중앙위원회 결정 집행이자 내각 사업"이라고 강조한다. 당중앙위원회의 경제사업을 집행하는 단위가 내각이므로 경제건설

2021년 새로 임명된 내각 부총리와 상(相)급 인사들. 40-50대로의 세대교체가 두드러지게 이뤄지고 있다.

관련해서는 내각이 최고 권한을 갖는다는 것을 직접 거론함으로써 내각에 힘을 실어주었다.

　북한 정치시스템에서 또 하나 변화는 빠른 세대교체이다. 2014년 내각 부총리 6명 중 3명이 60살 미만의 젊은 부총리로 채워졌다. 그중 막내라고 할 수 있는 리철만 농업상은 당시 46세였다. 당시 53세의 나이로 부총리에 임명된 김덕훈은 2020년 59세에 총리로 임명됐다.

　김 위원장이 2021년 4월 개최된 6차 세포비서대회 개회사에서 "세포비서들의 교체가 빠르고 지금 갓 사업을 시작한 세포비서들이 많다"고 언급한 것으로 보아 세대교체는 내각 뿐 아니라 당에서도 일어나고 있는 것으로 보인다. 30-40대 초반의 과학자들이 최우수 과학자상을 수상하기도 했다. 당과 내각뿐 아니라 사회 곳곳에서 젊은 세대들의 진출이 시작되고 있다고 볼 수 있다.

각급 대중단체들의 대회도 정상적으로 개최하고 있다.

짧게는 20여 년 길게는 30여 년 만에 각급 대중단체들의 대회가 김정은 시대에 들어와 개최되었다. 북한에서 대중단체는 당과 인민을 연결하는 역할을 하는 조직이다. 따라서 이들 대중단체들의 회의가 정상적으로 개최되고 있다는 것은 북한에서 당과 국가가 그 운영을 정상화, 체계화하고 있다는 또 하나의 징표라 할 수 있다.

김정은정치의 서막

북한 사회가 정책의 일관성과 지속성을 강조하는 사회주의 체제를 갖고 있다는 점에서 북한의 정치는 계승과 혁신의 의미를 동

각급 대중단체들의 대회 개최 현황		
대회명	개최 년도	전차 대회
김일성사회주의청년동맹 제9차 대회	2016년(김일성김정일청년동맹으로 개칭)	1993년
김일성김정일청년동맹 제10차 대회	2021년(사회주의청년동맹으로 개칭)	
조선직업총동맹 제7차대회	2016년	1981년
조선민주녀성동맹 제6차대회	2016년	1983년
조선농업근로자동맹 제8차대회	2016년	1982년
조선소년단 제7, 8차대회	2013, 2017년	2006년

시에 갖는다. 계승이 정책의 연속성이라면 혁신은 정책의 차별화이다.

2012년 4월 김 위원장의 열병식 연설은 일심단결과 불패의 군력에 기초하여(계승, 연속성) 새 세기 산업혁명을 더해(혁신, 차별화) 사회주의 강국을 건설하고, 인민대중제일주의를 구현하기 위한 김정은정치의 서막을 여는 정치행사였다.

김정은 시대의 북한을 김정일 시대의 북한과 아무런 차이를 갖지 않는 동일한 것으로 간주하는 것도, 김정일 시대의 북한과 완전히 다른 것으로 간주하는 것도 부정확한 대북 인식이다.

김정은 집권 10년은 김정은식 정치가 구체화되는 시기였고, 현실화되는 시기이기도 했다. 김정은정치가 앞으로 어떻게 펼쳐질지 주목된다.

「대성백화점 1층 슈퍼마켓」

2013

… 02

2013년
경제와 국방, 두 마리 토끼 잡기
경제·핵 병진노선

2012년 인민생활 향상을 정치적 구호로 내건 김정은 체제는 다음 해 '경제건설 및 핵무력건설 병진노선'을 채택한다. 경제만 집중해도 모자랄 판에 핵무력을 동시에 발전시키겠다는 병진노선은 어찌 보면 터무니없는 목표로 보였다. 경제성장도 실패할 것이고, 핵무력 확보도 어려울 것이라는 외부의 전망이 압도적이었다.

경제건설의 목표는 1990년대 후반 고난의 행군 이후 계속해서 제일 앞선 국가 과제였다. 반면 핵무력 건설은 2013년 3월 경제·핵 병진노선의 채택 후 공식적으로 국가정책의 우선순위가 된다.

2013년 3월 김정은 위원장이 당 중앙위원회 전원회의에서 병진노선을 천명하고 있다.

따라서 대부분의 외부 시각은 병진노선을 사실상 핵무력건설 전략으로 해석했다. 경제건설이 먼저 언급되고, 이를 위한 노력이 더 강화되었는데도 말이다.

정확한 평가를 위해서는 2013년에 채택된 병진노선의 의미와 병진노선의 중요 목표였던 경제건설, 특히 경공업, 농업을 중심으로 인민경제건설을 위한 북한의 노력들을 살펴볼 필요가 있다.

병진노선의 등장

북한이 경제·핵 병진노선을 채택한 것은 2013년 3월 전원회의였다. 북한은 2012년 김정은 체제의 출범과 함께 인민 생활의 향상 즉

선민을 강조해왔다. 그렇다면 병진노선은 다시 선군으로 회귀한 것인가.
 당시 김정은 위원장의 발언은 병진노선의 정치적 의미를 이해하는데 중요한 단서를 제공한다.

"경제건설과 핵무력건설을 병진시킬 데 대한 우리 당의 로선은 위대한 장군님께서 물려주신 핵무력을 강화 발전시켜 나라의 방위력을 철벽으로 다지면서 경제건설에 더 큰 힘을 넣어 우리 인민들이 사회주의 부귀영화를 마음껏 누리는 강성국가를 건설하기 위한 전략적 로선입니다."

 병진노선의 사전적 의미는 경제건설과 핵무력건설의 동시 추진이다. 핵무력건설은 선군의 요구이자 김정일 국방위원장의 유훈이다. 따라서 포기할 수 없는 과제이다. 그렇다고 하여 선민의 요구인 경제건설을 등한시할 수는 없다. 새로운 지도자 김정은이 2012년 열병식에서 군인과 인민들 앞에 엄숙히 선언할 정도로 중요하게 생각했다.

2012년 4월 15일 평양 김일성광장에서 열린 열병식에서 북한이 선보인 미사일들 따라서 병진노선은 선군의 요구인 핵무력건설을 기본으로 하면서 선민의 요구인 경제건설을 더한 것이다. 그렇다면 방점은 어디에 찍혀 있을까. 일반적인 외부의 해석들과 달리, 경제건설에 찍혀 있다. "경제건설에 더 큰 힘을 넣는다"고 되어있기 때문이다.

요약한다면 병진노선은 핵무력건설을 기본으로 하면서도 나라의 더 큰 힘, 즉 더 많은 자원을 경제건설에 투입하여 경제건설과 핵무력이라는 두 마리 토끼를 모두 잡겠다는 것이다.

병진노선을 이렇게 이해하면 2018년 병진노선의 종결을 선언하고 경제건설총력집중노선을 채택한 것도 자연스럽게 이해된다. 2017년 11월 대륙간탄도미사일(ICBM) 시험발사 성공으로 핵무력건설을 완성했으니 남는 것은 경제건설뿐이다. 경제건설만 오롯이 기본 목표로 설정하는 단계에 이른 것이다.

핵무기도, 인민경제도 포기할 수 없다

북한은 왜 병진노선을 채택했을까. 김정은 위원장은 병진노선을 결정했던 2013년 3월 전원회의에서 "우리나라의 정세는 전쟁 전야의 엄중한 단계"에 있다고 진단했다. "적들은 정치, 경제, 군사적 힘을 총동원하여 우리 공화국을 고립 압살하기 위한 책동"을 하고 있으며, "주체의 사회주의조국을 영원히 이 세상 그 누구도 건드릴 수 없는 백두산대국으로 빛내여야 할 중대한 과업"이 있다고 밝혔다.

북한이 병진노선을 채택하기까지 세 가지 상황에 영향을 받았다. 우선

6자 회담의 실패이다. 2009년에 6자회담은 성과 없이 종료되었다. 적대시 정책 철회, 에너지 공급, 핵 관련 시설 철거 등 비핵화 협상을 통한 관계 정상화 노력이 최종 실패한 것이다.

둘째로, 북한은 오바마 대통령 취임이후 미국의 전략이 더욱 공격적으로 변했다고 봤다. 북한은 2012년 8월 외무성 비망록을 통해 "미국의 새 국방전략에는 유라시아의 큰 나라들에게 대한 군사적 포위망을 조이기 위해 어느 한 순간에는 공화국을 무력 침공하여 전 조선반도를 타고 앉으려 하지 않으리라는 담보가 없다"며 "이것이 우리가 핵문제를 전면적으로 재검토하지 않을 수 없는 동기이며 배경"이라고 밝혔다.

핵문제의 전면적 재검토는 비핵화 협상을 종료하고 핵무력건설 완성으로 정책을 전환한다는 의미였다. 실제로 미국은 2010년을 전후해 아시아로 군사력을 집중시키는 새로운 국방전략을 채택한 바 있다.

이 같은 상황에서 2013년 3월 전쟁위기가 발생한다. 북한은 2012년 12월 인공위성 '광명성 3-2호'를 발사한 데 이어 2013년 2월 3차 핵시험을 단행했다. 한미 양국은 3월 한미 키리졸브-독수리 연합훈련을 실시하고 북한은 이에 반발해 정전협정 백지화, 남북불가침합의 파기, 1호 전투태세 선포 등의 조치를 취했다. 미국은 한반도 상공에 수차례 B-52 전략폭격기와 B-2 폭격기를 띄우고, 항공모함 2대를 태평양에 급파했으며, F-22 전투기를 오산기지에 전진 배치시켰다. 급기야 북한은 3월 30일 준전시상태를 선포하기에 이르렀다. 이것이 병진노선 채택에 미친 세 번째 영향이다.

경제·핵 병진노선은 북한이 준전시상태를 선포한 다음날 채택되었다. 그 다음날인 4월 1일에는 최고인민회의에서 핵보유법령을 채택했다. 비핵화 협상을 통한 관계개선에서 핵무기 보유를 통한 '국가수호'를 선택한 것이다. 다만, 경제건설을 포기할 수 없었던 북은 핵무력건설 총력집중이 아닌 병진노선을 채택했다.

경제건설에 방점을 둔 병진노선

북한은 자신이 채택한 전략과 노선에 충실했다. 병진노선의 한 축인 핵무력건설을 위한 북한의 노력을 우리는 익히 알고 있다. 거의 매일같이 우리 신문과 방송을 도배했던 핵시험, 미사일 발사, 군사도발,

2012년 12월 인공위성 발사장을 방문한 김정은 위원장

유엔 제재 등과 같은 단어는 핵무력건설을 위한 노력과 연관된 것이었다.

그렇다면 경제건설에 '더 큰 힘을 넣는 것'이 어떻게 가능할까.

북한은 이미 10여 년 넘게 핵무기 개발을 진행해 왔다. 2013년 북한은 핵무력 확보를 위한 기본 요소들을 대부분 갖추고 있었다고 보는 것이 타당하다. 미국이 핵무기를 처음 만들기 위해 가동했던 '맨해튼 프로젝트' 당시의 비용을 보면, 프로젝트 예산의 90%가량이 핵물질 추출 관련 시설을 만들고 운영하는 데 투입되었다. 연구 개발비를 비롯해 무기 제작 자체비용은 10%에 불과했다.

따라서 2013년 즈음 북한의 핵능력은 핵무력 완성을 위해 자원을 급증시킬 필요가 없을 정도의 수준에 도달해 있었고, 이전보다 더 많은 비용을 지출할 필요가 없었다. 플루토늄을 확보하기 위한 원자로와 핵물질 추출 시설을 이미 만들어 가동하고 있었고, 미사일도 다양한 기술을 시연할 정도의 수준에 도달해 있었다.

한마디로 2013년은 비용이 많이 투여되는 초기 설비투자 기간을 통과한 시점이었다고 할 수 있다. 핵무력 완성을 명시적 목표로 내세운다고 하더라도 "경제건설에 더 많은 힘"을 넣고도 병진노선 추진이 가능하다고 판단할 수 있는 수준이었다.

경공업, 농축산 강조

사회주의 계획경제 시스템을 채택하고 있는 북한은 한 해 계획을 신년사 형태로 발표하고 공유한다. 이는 김일성 시대부터 이어오는 전통이다. 신년사를 살펴보면 그 해 추진될 정책의 우선순위와 대략적인 내용을 파악할 수 있다.

2013년 신년사는 김정일 시대 신년사와 거의 유사한 순서, 내용으로 구성되었다. 4대 선행 부문(석탄, 전력, 금속, 철도운수)을 중심으로 하는 중공업 부문이 앞에 나오고, 일상생활과 직접 관련 있는 농축수산, 경공업 부문이 그 다음, 교육, 보건, 문화 예술, 체육 등이 마지막에 언급되었다.

그런데 2014년과 2015년 신년사는 언급되는 부문의 순서가 대폭 바뀌었다. 농축수산 및 경공업 부문, 그리고 과학기술이 제일 앞으로 이동하였다. 농업과 경공업은 인민경제와 직접 연결되는 경제분야이다.

2013년 3월에 개최된 전국경공업대회 참가자들과 전국인민소비품전시회장을 둘러보는 김영남 상임위원장

2016년 이후부터 다시 전통적인 순서로 되돌아간 것으로 보아, 2013년 경제·핵 병진노선이 채택되면서 인민생활을 향상시키기 위한 구체적인 정책들이 2015년까지 집중적으로 추진되었다고 볼 수 있다.

한반도 정세가 극히 악화되고 있던 2013년 3월 북한은 전국경공업대

2013년 3월에 개최된 전국경공업대회 모습

회를 개최했다. 이 자리에서 김정은 위원장은 경공업을 "현시기 경제강국 건설과 인민생활 향상을 위한 투쟁에서 주타격 방향"이라며, 경공업의 현대화와 과학화, 인민소비품 생산의 획기적 증대를 요구했다.

또한 기초식품과 1차 소비품의 생산증대 및 품질 제고, 경공업 원료와 자재의 국산화, 설비와 공장이 현대화와 첨단화를 강조했다. 경제·핵 병진노선이 채택함과 동시에 경공업 관련 정책을 구상하고 집행하기 위한 '결의대회'를 열어 정책적 의지를 명확히 밝힌 것이다.

동등한 비중으로 자리 잡은 국방과 경제

통일부 북한정보포털에서 2013년 김정은 위원장의 공개활동 내역을 살펴보면, 총 209회의 활동 가운데 경제 및 과학기술 관련 활동과 군 관련 활동이 각각 약 60회씩 동등한 비중을 차지했다.

당시 김 위원장은 농수산물과 경공업의 대표적인 공장들을 현지지도 하면서 현대화를 독려하고 관련 부문의 본보기 공장으로 삼으려 했다. 그 공장들을 살펴보면 김정은 시대 북한 경제가 어떻게 변화했고 앞으로 어떤 변화를 추구해나갈지 대략 짐작할 수 있다.

북한의 식료품공장 중 하나인 '조선인민군 2월20일공장'은 2013년 5월 김 위원장 현지지도 이후 공장현대화사업을 시작해 2014년 4월 완료했다. 종합가공직장, 기초식품직장, 빠다(버터)직장, 포장재직장 등 모든 생산공정이 자동화, 무인화 되었다. 2014년 11월 그는 이 공장이 국내 최고의 지능화·정보화 수준을 갖추었다고 평가하면서 다른 식료품공장을 현대화할 때 본보기, 표본으로 삼아야 한다고 지시했다.

평양기초식품공장 또한 식료품 공장 현대화, 과학화의 본보기로 선정되었다. 2013년 6월 8일에 이곳을 찾은 김 위원장은 원료투입부터 포장까지 생산공정 전반에서 자동화·무인화, 생산공정과 경영활동의 컴퓨터화를 높은 수준에서 실현했다고 평가했다. '인민군 제534군부대산하 1116호농장'의 버섯공장 역시 버섯 생육상태를 컴퓨터로 실시간 감시하며 생산 지휘를 할 수 있게 감시조종체계 자동화에 성공하였다는 점에서 모범 사례로 거론되었다.

2013년 김 위원장의 현지지도는 식료품 공장에 집중되었고, 2014년에는 수산과 경공업 분야로 확대된다. 2014년 새해 현지지도는 1월 7일 '1월 8일 수산사업소'로 시작하는데, 4월 25일까지 현대적인 시설로 완

김정은 위원장의 2014년 인민경제 관련 주요 현지지도	
2. 4	평양육아원, 애육원 (6월, 8월 그리고 준공 완료된 10월에도 방문)
7. 24	고산과수농장(2020년 대규모 과일생산기지 건설)
7. 26	원산구두공장 "대외시장에 내놓아도 손색이 없는 신발을 생산하여야"
8. 3	천지윤활유공장(자력갱생과 과학화의 본보기 평가)
8. 7	평양양말공장 "생산공정들의 현대화를 더 높은 수준에서 실현"
11. 8	정성제약종합공장 (모든 제품들이 세계보건기구 기준에 도달 평가)
12. 6	5월 9일 메기공장 "노력, 생산면적을 늘리지 않고 100t이상 더 생산해야"
12. 20	김정숙평양방직공장 "학생 교복 문제를 푸는 데서 한몫 단단히 해야"

*큰따옴표는 김 위원장의 발언

공하라고 지시하고 3개월 동안 두 차례 더 찾아가 공사를 독려한다. 참고로 김 위원장은 지시 사항이 제대로 수행되는지 점검하기 위해 같은 곳을 여러 번 집중해서 방문한 경우가 많다.

이 수산사업소는 4월 25일 완공되어 5월 1일 조업을 개시하여 전국의 육아원, 애육원, 초등 및 중등학원, 양로원에 물고기를 공급하고 있다.

'김정은표' 과학기술 정책의 본격화

경제건설과 핵무력을 동시에 추진하겠다는 병진노선은 말처럼 쉬운 것은 아니다. 경제와 핵무력을 동시에 연결시켜주는 매개가 필요했을 것인데, 북한은 그 매개를 과학기술로 설정했다. 즉 과학기술을 발전시키면 두 마리 토끼를 동시에 좇을 수 있다고 판단했던 것으로 보인다.

경제·핵 병진노선과 함께 김정은표 과학기술 정책이 본격적으로 시작된 해가 바로 2013년이었다.

경제건설과 핵무력을 동시에 추진하겠다는 병진노선은 말처럼 쉬운 것은 아니다. 경제와 핵무력을 동시에 연결시켜주는 매개가 필요했을 것인데, 북한은 그 매개를 과학기술로 설정했다.

2013년 11월 '전국 과학자기술자대회'가 개최되고, 제4차 과학기술발전 5개년계획(2013~17)이 시작되었다. 1차 과학기술발전 5개년계획이 1998년부터 시작되었으니 15년의 성과를 베이스로 해서 새로운 과학기술발전계획을 추진한 것이다.

원산구두공장 도안가(디자이너)들이 새로운 구두디자인에 대해 논의하고 있다.

김 위원장은 이 대회에서 '사회주의 강성국가'의 과학기술 발전 과제를 구체적으로 작성한 글을 보냈다.

이 글에서 그는 인민생활 향상을 강조하면서 농업과 경공업, 특히 농업 부문에서 먹는 문제 해결을 가장 먼저 요구하였다. 구체적으로는 알곡, 고기, 남새, 과일 등 식량 증산을 특히 강조했다. 또한 유기농산물, 축산물, 공예작물, 과일과 고급수산물 생산 가공기술 개발이 우선 과제로 제시되었다.

경공업 부문에서는 자립경제 노선에서 가장 중요한 원료와 자재의 국산화도 강조되었다. 양뿐만 아니라 질적인 변화도 요구하면서, 인민 기호에 맞는 제품 생산에 필요한 기술개발도 서두르라고 요구하였다.

물론 이전까지 최우선 순위로 거론되었던 중공업 부문, 즉 '4대 선행 부문'도 중요하게 거론되었다. 그중 전력 문제를 독립적인 항목으로 둠으로써 에너지 문제 해결을 시급한 문제로 인식하고 있음을 드러냈다.

과학기술이 뒷받침되어야 하는 부문, 첨단기술, 기초과학 관련 부문 또한 비중 있게 다루어졌다. 지식경제 강국, 과학기술 강국 건설을 위한 기초과학과 첨단 과학기술 발전이 강조되었다.

새 세기 산업혁명을 통한 과학기술 집약형 경제 완성, IT·BT·NT 등 첨단산업 창설 등의 지향이 제시되었다. 자립경제 기반 강화를 위한 주체철 생산 공법 완성과 화학공업 원료의 국산화 등도 계속 추진되었다.

우리가 보지 못했던 병진의 결과

2013년 경제·핵 병진노선 채택 이후 북한 경제, 특히 인민 생활과 직접 관련된 부문에서도 구체적인 변화가 관측되었다. 2014년, 2015년 신년사에서 제일 앞자리를 차지했던 경공업, 농축수산업 부문의 변화는 외국 방문객들이 찍은 영상에서도 드러났다. 2016년 이후 촬영된 영상과 그 이전의 영상이 많이 달라졌다. 게다가 마트의 진열대에 올라간 상품들이 국산으로 빠르게 대체되었다는 이야기가 많이 나왔다.

인민들이 말을 탈 수 있는 미림승마구락부, 대규모 물놀이 공원인 문수물놀이장, 강원도 원산시 마식령에 자리한 마식령스키장이 완공된 때가 2013년이다. 강원도 일대에 조성하기 시작한 대규모 축산단지 '세포등판' 개간 작업이 마무리된 것도 이 시점이다. 우리의 태릉촌이라 할 수 있는 평양 청춘거리 체육촌 리모델링 역시 2013년에 시작하여 2014년

원산 마식령스키장(왼쪽), 함흥 마전해수욕장(오른쪽), 강원도 세포지구 축산단지(아래)의 모습

에 완공되었다. 해마다 여름이면 하루에 10만 명의 인파가 몰린다는 함경남도 함흥시의 마전해수욕장 역시 2013년에 개건사업이 시작돼 2014년에 마무리되었다.

　핵에만 몰려 있던 우리의 관심과 시선을 약간만 돌려보면 북한 사람들의 일상이 빠르게 변하는 모습을 쉽게 알아챌 수 있다. 문재인 대통령이 2018년 평양을 방문했을 당시 평양의 변화가 눈에 띄었는데 그 역시 병진노선의 결과이다.

전민과학기술인재화의 거점으로 건립된 평양 과학기술전당 전경

2014

2014년
교육개혁을 통한 과학기술인재양성
전민과학기술인재화

　흔히들 교육이 백년지대계라고 한다. 교육이 한 나라의 미래를 좌우할 수 있기 때문에 긴 안목을 갖고 교육정책을 세우고 집행해야 한다는 의미다. 한 나라의 교육정책에서 일관된 목표와 내용이 드러난다면, 그 나라의 집권세력이 어떤 계획과 비전을 가지고 나라를 이끌어가려는지 엿볼 수 있을 것이다. 북한의 교육정책에는 이것이 아주 분명하게 드러난다.

　김정은 집권 이후 교육 전반에서 과학기술의 비중을 계속 높여왔다. 북한의 교육정책은 과학기술 중시 정책과 아주 밀접하게 연결되어 있다.

특히 북한이 교육의 핵심 목표로 내걸고 있는 '전민과학기술인재화'의 의미와 배경, 과학기술 교육을 강화하기 위해 추진해온 12년제 의무교육, 대학 과학기술 교육 강화, 전국적인 과학기술보급망 구축, 원격교육대학 확대 등에 주목할 필요가 있다.

북한의 교육정책 목표는 전 국민의 이과(理科)화

전민과학기술인재화는 모든 주민이 대학 졸업 수준의 과학기술 지식을 갖도록 하고, 그것을 활용할 능력을 갖추게 만들겠다는 것을 의미한다. 수학과 과학기술 수업의 비중과 수준을 높이며 전 국민의 이과화를 추진하고 있다.

북한이 전민과학기술인재화를 하려는 이유는 과학기술중시정책 때문이다. 북한은 21세기를 과학기술의 시대, 지식경제 시대로 규정한다. 경제, 교육, 국방, 보건의료, 체육, 문화예술 등 국가의 모든 부문에서 과학기술의 비중이 크게 높아진 만큼 과학기술이 종합적인 국력을 좌우한다는 의미다.

북한은 과학기술 인재 수준이 그 나라의 과학기술 수준을 좌우한다고 본다. 그래서 전문적인 과학자, 기술자의 수와 능력을 높일 뿐만 아니라 모든 주민의 과학기술 역량도 전반적으로 강화하는 것이 필수라고 강조한다.

이런 인식은 김정은 집권 이후 갑자기 등장한 게 아니라, 김정일 집권 시기인 2000년대 초에 이미 확실하게 자리 잡았다.

전민과학기술인재화와 과학기술중시기풍을 강조하기 위해 제작된 북한의 선전화

북한은 과학기술로 무엇을 하고 싶어서 주민 전체를 과학기술 인재로 만들겠다는 것일까?

과학기술중시정책의 가장 중요한 목표는 경제발전이다. 현재보다 우수한 설비나 기술을 개발해서 개별 생산공정이나 공장에 넣어서 생산성이나 효율성을 높이는 것이다. 여기에 그치지 않고 공장과 농장들을 자동화·무인화하고 컴퓨터로 통제할 수 있는 '통합생산체계'까지 만들려고 한다. 우리가 말하는 스마트 팩토리, 스마트 농장과 다르지 않다. 나아가 북한은 개별 공정이나 공장을 넘어 국가 경제 전반에서 IT, 나노, 생명공학, 신소재 등 첨단부문의 비중을 높이려고 한다.

이런 목표들을 달성하려면 과학자와 엔지니어의 수가 많아져야 한다. 첨단설비들을 직접 써야 할 생산현장의 노동자·농민·관리자들도 과학기술을 더 잘 알아야 한다.

또 당과 내각의 간부들도 정책을 만들고 집행하려면 예전보다는 과학기술을 훨씬 많이 알아야 한다. 경제뿐만 아니라 국방·보건의료·체육·문화예술 등에서도 과학기술의 비중을 높이겠다는 것이 북한의 구상인 만큼 전민과학기술인재화가 북한의 교육정책, 나아가 국정의 가장 중요한 목표가 된다.

새 세기 교육혁명과 초중등 과학기술 교육강화

북한은 '새 세기 교육혁명'이라는 이름으로 교육과정 전반을 대대적으로 개혁해왔다. 새 세기 교육혁명의 목표는 "모든 청소년이 사회주의 강국 건설에 기여할 수 있는 역량을 갖추게 하고 전민과학기술인재화를 실현함으로써 교육을 세계적인 수준으로 발전시키는 것"이다.

북한이 전민과학기술인재화를 위해 시행한 가장 중요한 조치는 12년제 의무교육과 중학교 과학기술 교육 강화이다. 북한은 1970년대 초부터 11년제 의무교육을 유지해왔는데, 이를 2012년 9월 최고인민회의에서 12년제로 바꾸기로 결정했고 2014년부터 실시했다. 12년제 의무교육은 공민권을 가진 사람이라면 누구나 좋든 싫든 학교를 1년 더 다녀서 공부하게 만들었다.

전민과학기술인재화 체계도

의무교육을 12년제로 바꾸면서 중학교 수학+과학기술+정보기술 수업 시간을 초급중 256시간, 고급중 224시간 늘렸다. 학년마다 평균 70~80시간 이상 늘어난 셈이다.

| 교육개혁으로 바뀐 교육과정 |

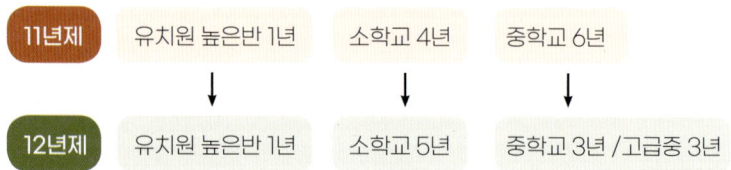

중등과정은 대학 진학 또는 직장 배치 직전 과정이다. 초급중, 고급중학교에서 과학기술을 잘 배워야 과학기술 실력이 좋은 대학생이 될 것이고, 우수한 과학자가 될 가능성도 커질 것이다. 공장과 농장에도 예전보다 더 많은 과학기술 지식을 가진 사람들이 배치될 것이다.

교과서 내용도 크게 손질했다. 주입식이 아니라 토론과 글쓰기를 바탕으로 학생들이 직접 고민하고 탐구하는 자세를 가질 수 있게, 무엇보다 배운 내용을 실생활에 응용하여 쓸 수 있게 교과 내용을 바꾸었다.

| 교육개혁으로 바뀐 수업 시간 |

		중학교 낮은 학년		중학교 높은 학년	
		시수	비중	시수	비중
1) 11년제	수학 + 과학기술 + 컴퓨터	1,024시간	29.5%	1,054시간	33.9%
		초급중		고급중	
		시수	비중	시수	비중
2) 12년제	수학 + 과학기술 + 정보기술	1,280시간	37.1%	1,278시간	39.2%
2) - 1)		256시간	7.6%p	224시간	5.3%p

출처: 조정아 외, <김정은 시대 북한의 교육정책, 교육과정, 교과서> (통일연구원, 2015), 42-44p

지역경제에 필요한 기술교육을 강화한 기술고급중학교도 신설했다. 먼저 2017년에는 각 지역의 경제적, 지리적 특성에 맞는 기초기술지식을 교육하는 학교 수십 개를 만들었다. 철강공장이 있는 지역에서는 금속, 화력발전소가 있는 곳은 전력, 탄광이 있는 곳은 석탄 등에 대한 기술교육을 강화한 것이다.

　　2020년에는 IT 기초지식과 응용지식 교육을 강화한 정보기술 부문의 기술고급중학교를 190여 개 만들었다. 지식경제 시대에 각 지역의 정보화를 수행할 IT 인력을 길러내기 위해 전국의 거의 모든 시, 군에 정보기술 부문 기술고급중학교를 세웠다.

평양중등학원과 울타리를 사이에 두고 나란히 개건된 평양초등학원

학교 교육환경 개선

학생들이 좀 더 나은 환경에서 공부할 수 있도록 학교 현대화도 순차적으로 진행하고 있다. 전국의 모든 학교를 동시에 새로 지을 형편은 안 되기 때문에 순차적으로 하고 있다.

그 출발은 평양중등학원이었다. 이곳은 고아들을 위한 시설인데 1974년 문을 연 평양미림학원의 후신이다. 2015년 9월부터 약 10개월 동안 기본교사, 기숙사, 수영장을 갖춘 체육관 등 건물 11개를 새로 지었다. 이곳은 중등교육환경의 표준으로 지어진 만큼 과학기술 교육 여건이 대폭 개선되었다. 이 학교의 모든 교실에는 컴퓨터와 빔프로젝터가 설치되었고, 전자열람실은 국가컴퓨터망 연결되어 학생들이 학교 외부의 자료들도 찾아볼 수 있게 되었다. 물리, 화학, 생물, 기초기술, 컴퓨터 등 과학기술 과목별 실습실도 만들어졌다.

김정은 위원장은 준공식 직전인 2016년 7월 이 학교를 방문하여 이곳을 표준으로 삼아 전국의 학교들을 현대화하라고 지시했다. 실제 진행 상황을 보면, 북한이 '과학교육의 해'로 정한 2017년에 전국 각지의 60여 개 학교가, 2018년에는 140여 개 학교가 현대화되었다고 한다. 2020년부터는 교육환경 개선, 중앙과 지방의 교육격차 완화를 주요 국정 과제로 잡고 도별로 수십 개, 전국적으로 수백 개 학교의 현대화를 동시에 진행하고 있다.

거점대학 중심으로 과학기술 교육 강화

고급 과학기술 인재를 길러내는 것은 대학의 몫이다. 국내 한 연구에 따르면 북한에서 '대학' 이름이 붙은 학교가 270개 이상이라고 한다. 이 중 절대다수가 교육 및 연구 역량이 취약한 직업기술대학, 공장대학, 농장대학, 어장대학 등이다. 이런 상황에서 북한이 택한 방식은 주요 대학의 집중 육성과, 이들을 거점으로 한 학술 일원화 체계 구축이다.

첫째, 북한은 최고급 인력을 양성하기 위해 교육 및 연구개발 역량이 높은 김일성종합대학, 김책공업종합대학 등 종합대학, 리과대학과 부문별 거점대학들을 집중적으로 육성하였다.

부문별 대학에는 평양기계대학, 함흥화학공업대학, 평양건축대학, 한덕수평양경공업대학, 평양철도대학(현 평양교통운수대학), 김형직사범대학, 평양교원대학, 평양의학대학, 평양콤퓨터기술대학, 원산농업대학, 장철구평양상업대학, 조선체육대학 등이 있다.

북한은 대학들의 시설과 설비를 현대화하고, 최신 과학기술을 반영해 교육내용과 교육방법을 개선하며, 실험실습을 강화해왔다. IT, NT, BT 등 북한이 핵심기초기술이라고 부르는 부문들과 로봇공학, 인공지능, 빅데이터 등 첨단부문 학과와 전공도 꾸준히 확대했다. 세계적 추세에 맞게 경계과학(융합과학)을 발전시키기 위해서 자연과학·공학·사회과학이 결합된 학과도 개설했다.

이와 함께 대학원에 해당하는 박사원 정원을 늘리고, 학부를 졸업한 뒤 바로 박사원에 진학해서 계속 공부하는 '연속교육체계'를 확대했다. 전통적으로 북한에서 대학을 졸업한 뒤에 바로 박사원에 진학하는 경우는 극소수였고, 대신 직장이나 연구소에 배치돼서 일을 하다가 좋은 성과를 내면 논문으로 발전시켜서 학위를 받는 경우가 많았다.

그러다 보니 상대적으로 연구 역량이 높은 젊은 시절에 연구에 매진하지 못하고 학위도 늦게 받았다. 북한은 이 문제를 해결하기 위해 연속교

전국의 교육대학을 대상으로 이뤄지는 평양교원대학의 원격강의 시스템

육체계를 확대해서 젊은 나이에 연구에 더욱 몰입하고 학위를 빨리 받을 수 있도록 한 것이다.

둘째, 주요 대학들을 중심으로 지역의 소규모 부문 대학, 직업기술대학, 공장대학, 농장대학, 어장대학 등이 결합한 부문별 학술 일원화 체계를 만들었다. 이는 주요 대학들이 학술, 교육, 정보의 거점이 되어 다른 대학, 학과들에 최신 과학기술 내용과 교육방법을 제공해주는 체계이다. 교원들이 직접 파견되기도 하고, 원격화상회의체계와 같이 컴퓨터망을 이용하기도 한다.

예를 들어 유치원과 소학교 교원 양성의 거점대학인 평양교원대학은 인공지능, 가상현실, 로봇기술 등 현대기술을 도입하여 새로운 교육방법을 만들고 각 지역 교육기관과 교육자들에게 보급한다. 2018년 여름 방북한 남측 기자가 평양교원대학이 만든 가상교실 앞에서 가상교실 학생들과 대화를 나누는 장면이 방송된 적이 있다. VR 고글을 쓰고 있는 북측 학생들의 모습도 보도되었는데, 이 역시 평양교원대학의 수업 장면이었다.

ICT 연구개발과 교육에서 중요한 역할을 하는 평양콤퓨터기술대학은 직업기술대학과 공장대학뿐 아니라 최근 만들어진 기술고급중학교까지 학술일원화체계에 포괄하고 있다. 평양콤퓨터기술대학은 이 학교들의 ICT 과목 교원들을 교육하고 연구도 도와주고 있다.

과학기술전당과 과학기술보급망 건설

전민과학기술인재화를 위해서는 학생뿐 아니라 노동자, 농민을 포함한 주민들의 과학기술 수준도 높여야 한다. 이를 위해 북한이 취한 대표적인 조치가 전국적인 과학기술보급망 구축과 원격교육대학 확대이다.

먼저 전국적인 과학기술보급망은 과학기술전당을 중심으로 전국의 전자도서관, 전자열람실, 과학기술보급실들을 국가컴퓨터망으로 연결한 것이다. 북한은 과학기술전당을 "과학기술지식의 수원지"라고 부른다. 이곳에 모인 최신 과학기술 지식들이 과학기술보급망을 타고 각 지역으로 "물이 흐르듯이" 퍼져 나가 주민들의 과학기술 역량이 높아지기를 기대한다. 그럼 구체적으로 무엇을 어떻게 해놓았는지 살펴보자.

과학기술전당은 평양을 가로지르는 대동강의 쑥섬에 자리 잡고 있다. 2015년 10월 공사를 마치고 2016년 1월 문을 열었다. 원자 구조를 본뜬

평양과학기술전당 입구(위)와 내부 전경(아래)

과학기술전당의 현황에 대해 설명하는 류선화 해설강사(왼쪽)와 아동열람실(오른쪽)

본관은 김정은 집권 후 평양에 지어진 인상적인 건축물 중의 하나로 국내 언론에도 많이 보도되었다. 지하 1층, 지상 4층에 연 면적 106,600㎡(축구장 15개 정도) 규모이다. 이와 함께 미래의 에네르기 구역·지하자원 구역·과학유희 구역 등 야외과학기술전시장, 23층 높이의 과학자 전용 호텔이 있다.

과학기술전당은 상설 전시, 각종 과학기술 행사(컨벤션), 전자도서관 등의 기능을 한다. 드러난 것만 보면 전시나 과학기술 행사를 위한 시설을 많이 갖추고 있다. 예를 들어 본관 1층에 학술토론회장, 임시전시장, 지적제품 교류전시장, 과학기술 발전 역사관, 어린이꿈관, 과학영화관이 있다. 2~3층에는 기초과학기술관, 과학탐구관, 첨단과학기술관, 응용과학기술관 1~4관 등 서로 다른 10가지 주제의 실내 상설 과학기술전시장이 있다. 관람객들은 이곳에서 전시물을 보고 만지고 직접 조작하면서 과학 원리를 익히고 최신 과학기술 성과를 체험할 수 있다. 야외 과학기술 전시장도 마찬가지다. 이는 대전, 과천, 부산, 대구, 광주 등에 있는 우리의 국립과학관, 전국 각지의 시립·구립 과학관들과 같은 기능이다.

과학기술전당 기능 중 북한이 가장 강조하는 것은 전자도서관이다. 최신 과학기술 자료들을 과학기술전당에 모아 데이터베이스를 만들었다. 즉, 과학기술전당은 과학기술 분야의 중앙 전자도서관이라고 보면 된다. 본관 곳곳에 3천 석에 달하는 전자열람실과 열람석이 있어 방문객들이 원하는 자료를 찾아볼 수 있다.

북한은 직접 방문하기 힘든 주민들을 위해 국가컴퓨터망으로 과학기술전당과 전국 각 학교들의 전자도서관, 시·군 단위 전자열람실, 공장·농장·기업소의 과학기술보급실들을 연결하여 과학기술보급망을 만들었다. 그래서 주민들은 이 망을 통해 직접 과학기술전당의 자료를 이용할 수 있다. 또 자기 공장이나 농장의 과학기술보급원들이 다운로드하여 과학기술보급실에 저장해놓은 자료들을 볼 수도 있다.

과학기술전당도 주민 편의를 위해 다양한 서비스를 제공한다. 자료 검색에 익숙지 않은 노동자·농민들을 위해 자료를 대신 찾아서 보내주는 검색 대행 서비스, 이용자들이 문자·음성·영상 등을 이용해서 과학자들에게 직접 묻고 답을 구할 수 있는 학술문답실 등을 예로 들 수 있다. 개장 이후 지속적으로 데이터 전송 속도를 높여왔고, 농촌이나 산간 오지 등에서도 원활하게 자료를 이용할 수 있도록 시스템을 개선해왔다.

최근에는 '전자자료수확체계'라는 걸 개발해서 보급하고 있는데, 이 시스템을 공장, 농장, 기업 등에 깔아 놓으면 자신들에게 필요한 과학기술자

청진시에 있는 함경북도전자도서관에서 학생들이 자료를 찾아보고 있다.

료가 과학기술전당 DB에 올라오면 자동으로 즉시 받을 수 있다고 한다.

북한은 과학기술보급망을 이용해 생산현장에서 일하는 노동자와 농민의 과학기술 수준을 높이는 데 큰 관심을 쏟고 있다. 그들이 과학기술 지식을 많이 가질수록 기술혁신을 더 많이 할 수 있고 경제도 발전시킬 수 있기 때문이다. 실제 2021년 3월 기준 전국 16,700여 곳의 과학기술보급실이 과학기술전당에 연결되었다.

'북한식' 사이버대학- 원격교육대학

북한이 주민들의 과학기술 수준을 높이기 위해 취한 또 다른 조치는 원격교육대학 확대이다. 원격교육대학은 노동자, 농민, 사무원 등이 직장생활을 하면서 멀리 떨어진 대학에 등록하고 컴퓨터망을 이용해서 수업을 듣는, 우리의 사이버대학과 같다.

북한은 오래전부터 우리의 방송통신대와 비슷한 통신대학은 물론이고, 주요 생산현장에 공장대학·농장대학·어장대학 등을 만들었다. 이를 '일하면서 배우는 교육체계'라고 하는데, 원격교육대학은 여기에 최신 정보통신기술을 접목하여 발전시킨 것이다.

원격교육대학은 김정일 집권기인 2010년 김책공대의 두 개 학과에서 시작했다. 그러다가 김정은 위원장의 지시에 따라 2014년부터 김일성종합대학을 필두로 다른 대학으로 빠르게 확대되었다. 2018년 7월 기준 50여 개 대학 200개 이상의 학과에서 10만 명 이상이 수강하는 규모가 되었다.

북한은 원격교육의 발전을 위해 많은 노력을 하고 있다. 초기에는 교수가 칠판에 글씨를 써가며 강의하는 장면을 녹화해서 올리는 수준이었다.

김일성종합대학 학생들이 전자도서관에서 원격교육체계에 대해 강의를 듣고 있다.

이제는 컴퓨터 그래픽(CG)이 가미된 가상 스튜디오가 도입되었다.

또 컴퓨터망 사정이 좋지 않아 강의 동영상을 다운로드하여 봐야만 했던 농촌과 산간지역에서도 스트리밍으로 볼 수 있는 시스템을 개발했고, 원격교육의 취약점인 실험실습을 강화하기 위해 전국 주요 공장과 병원에 실습실도 계속 확충하고 있다.

2020년 4월에는 '원격교육법'을 제정하고 원격교육의 목표와 원칙, 학생 등록·평가·졸업, 교육과정·교수안 작성 및 승인 절차 등을 정했다. 원격교육의 제도적 기반을 다진 것인데, 무엇보다 원격교육을 주민의 권리로 규정했다. 북한 공민권을 가진 사람이라면 누구나 희망하면 원격교육 학생이 될 수 있다는 것이다.

이에 대응하여 모든 기관과 단위들은 소속 구성원에게 원격교육에 필

원격교육이 가능한 남포시 강서구역 청산리협동농장의 컴퓨터실 모습

요한 설비와 인프라를 우선적으로 제공할 의무를 가진다. 이런 내용들을 보면 앞으로 원격교육대학이 더 활발해질 가능성이 크다.

한편 코로나 19로 인한 비상방역 국면에서 원격교육대학뿐 아니라 초중등학교의 비대면 수업, 대학 내의 원격강의도 빠르게 확산하였다.

과학기술의 어머니는 교육

북한은 인재와 과학기술이 자신들의 '무진장한 전략자산'이라고 말한다. 노동력도 부족하고 제재로 막힌 상황에서 자신들의 노력으로 할 수 있는, 또 해야만 하는 일이 우수한 인재를 많이 길러내는 것이라는 문제의식의 반영이다.

김정은 집권 이후 10년 동안 흔들림 없이 과학기술 교육 강화를 추진해왔다. 2019년 9월 전국 교원대회부터는 "과학기술의 어머니는 교육"이라는 구호를 부쩍 부각하면서 과학기술의 질적 발전을 위한 교육수준 제고를 다그치고 있다. 고급중학교 우수 졸업생을 사범대나 교원대로 진학하도록 유도하고, 박사원(대학원)이나 유학 출신들을 다른 기관이 아니라 대학 교원으로 기용하도록 독려하고 있다.

2021년 1월 8차 당 대회 전후로는 과학자·기술자들에 대한 재교육과정, 경제간부들에 대한 최신 경제지식과 과학기술 지식 원격교육 과정을 개설했다. 이처럼 북한은 과학기술 교육의 수준과 강도를 높이기 위해 전방위적인 노력을 기울이고 있다. 앞으로도 이러한 움직임은 계속될 것이다.

평양 금컵체육인종합식료공장에서 생산된 제품들

2015

04

2015년
금컵체육인종합식료공장과 생산현장의 변화
사회주의기업책임관리제

북한 경제가 바뀌고 있는 모습은 어떻게 알 수 있을까? 신년사에서 앞부분에 언급되고 정책의 우선순위가 높아진다고 경제가 그냥 바뀌지 않는다. 최종적으로 생산현장 자체가 변해야 한다. 식료품, 생필품을 만드는 공장 운영 방식이 바뀌어야 하고, 농사짓는 협동농장에서 일하는 방식이 변해야 한다. 결국 생산현장의 변화가 중요하다.

김정은 시대 북한은 새로운 제도들을 계속 도입하면서 생산현장의 혁신을 꾀하고 있다. 이런 변화는 '우리식 경제관리방법' 혹은 '사회주의기업책임관리제'라고 불린다. 안타깝게도 그 구체적인 내용은 아직 깔끔하게 정리되어 공개되지 않고 있다.

하지만 모범 사례로 거론되는 공장들의 모습을 통해 바뀐 북한 경제시스템, 즉 사회주의기업책임관리제의 특징을 엿볼 수 있다. '금컵체육인종합식료공장'은 그중 가장 대표적인 곳이다.

금컵체육인종합식료공장

금컵체육인종합식료공장은 체육촌이 있는 평양 만경대구역 청춘거리에 새로 만들어진 공장이다. 처음에는 체육성 차원에서 체육인들에게 필요한 영양공급, 기능회복, 피로 해소 등을 위한 식료품을 공급하기 위해 만들어졌다. 하지만 불과 몇 년 만에 일반인들에게도 호응

평양 선흥식료공장의 통합생산체계지령실의 모습

평양 금컵체육인종합식료공장의 '새우튀기' 생산공정 모습과 공장 생산 제품들

받는 다양한 식료품을 생산하는 공장으로 확장됐다.

공장의 기본생산품은 빵, 과자, 사탕, 초콜릿, 떡, 소시지, 햄, 탄산음료, 소주, 맥주 등 30여 종, 500여 가지나 된다. 남한에서 판매되는 새우깡, 초코파이와 유사한 제품도 생산된다. 금컵체육인종합식료공장은 2010년대 제일 유명한 식료공장인 선흥식료공장과 함께 북한에서 중국산 제품들을 밀어내는 데 중요한 역할을 하고 있다.

2010년 처음 부지를 선정하고 공장을 짓기 시작했고 2011년 10월 준공했다. 김정일 위원장 서거 두 달 전이다. 김정일 시대 만들어졌지만 김정은 위원장이 직접 관심 가지고 변화를 이끌었다.

김 위원장은 2015년 1월, 2016년 1월 두 해 연속으로 이곳을 현지지도하면서 공장 확장공사를 지시하고 적극 지원하였다. 이를 계기로 공장은 같은 면적의 부지 위에 연건축 면적은 3배, 생산능력은 1.5배로 늘어났다. 기존 생산계획을 멈추지 않고 계속 수행하면서 동시에 생산능력을 확충하라는 정책을 충실히 수행한 결과였다.

앞선 기술 수준의 생산 시스템 구축

2015년 1월 현지지도 당시 김 위원장은 "금컵체육인종합식료공장도 인민군대의 식료공장들처럼 우리나라 식료공장의 본보기, 표준이 될 수 있게 전변시키자"고 제안하였다. 앞선 기술, 자원, 인력을 가진 군수 부문을 앞세워 민수부문을 이끌어가겠다는 전략의 연속선상에서 인민생활과 직결되는 식료공장인 금컵을 식료공장의 본보

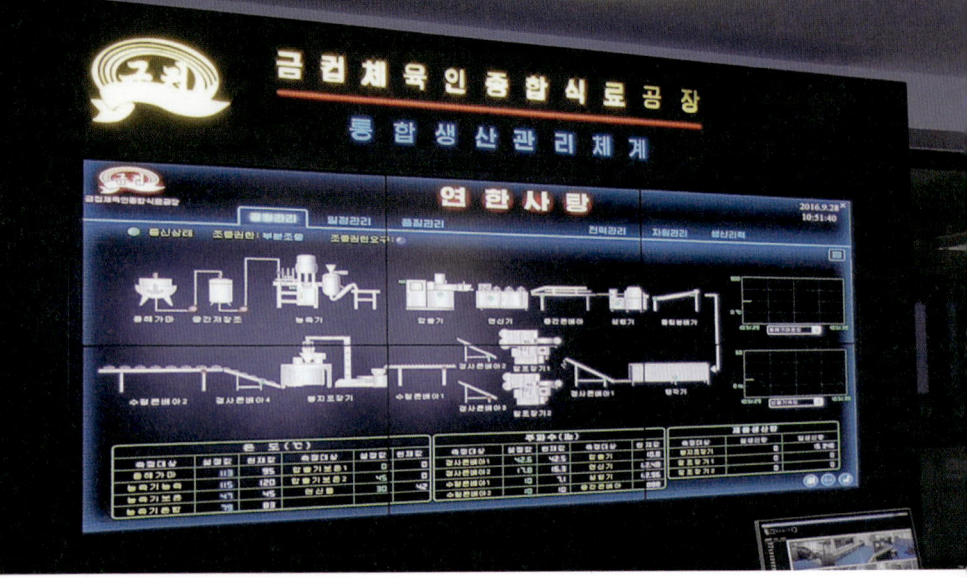

평양 금컵체육인종합식료공장의 통합생산관리체계

기, 표준으로 만들자는 뜻이다. 경제·핵 병진노선을 채택했던 2013년부터 경공업, 농수축산업 부문을 제일 앞세우던 신년사 내용과 연결되는 대목이다.

 김 위원장은 2015년 현지지도에서 식료품 생산을 정상화하고 품목을 늘릴 것을 지시했을 뿐만 아니라 "생산공정들의 자동화, 무인화, 무균화, 무진화를 높은 수준에서 실현할 데 대한 문제"를 구체적으로 지시했다. 이는 IT와 기계제작기술을 결합한 CNC기술을 바탕으로 생산현장을 바꾸려는 첨단돌파전략에 맞추어 식료공장도 혁신하라는 요구였다.

 즉 컴퓨터를 적극 활용하여 자동화를 넘어 무인화 공장으로 만들고 이를 통해 최고 수준의 위생상태를 보장하는 무균화, 무진화(먼지 없애기)를 달성하라는 요구였다. 이는 궁극적으로 노력절약형, 에너지절약형 공장을 만드는 방향이었다. 2016년 진행된 공장 개건공사는 이처럼 공장의 기술 수준을 대거 바꾸어놓았다.

이후 공장은 앞선 수준의 '통합생산체계'를 갖추게 되었다. 통합생산체계는 컴퓨터를 통해 생산관리 전반을 조정하는 시스템을 의미한다. 모든 생산공정에 대한 감시 및 조종을 대형 화면으로 보면서 원격으로 조정할 수 있게 되었다. 원자재 확보량과 전력, 물 소독 상태에 이르기까지 생산에 필요한 모든 조건들을 컴퓨터로 실시간으로 감시하는 체계였다. 또한 현행생산 뿐 아니라 구매자들의 수요정보를 분석, 수요자예측에 따라 생산을 조절하는 기능까지 마련되었다고 한다.

식료품공장에서 목재공장과 무역사업까지

금컵체육인종합식료공장은 운영된 지 불과 몇 년 되지 않아 일반인들에게도 호응 받는 다양한 식료품을 생산하게 되었고, 이후 식료품을 넘어 수산물양식기지, 식당, 목재공장, 무역회사 등 다양한 사업으로 영역을 확장했다. 사업의 다각화를 꾀했던 것이다. 이는 이전까지 보지 못했던 모습이다. 사회주의기업책임관리제가 도입되면서 커진 기업의 자율성을 적극 활용한 결과였다.

공장의 최고 책임자인 리정호는 식료품생산기지를 우선 살리고 거기서 번 자금을 재투자하여 기업들을 '새끼쳐 늘렸다'고 한다. 식료품 생산이 생산순환주기가 짧고 계절적 편파성이 심한 한계를 갖는데, 이를 만

회할 수 있는 사업 영역들을 찾아 늘렸다. 즉 식료품공장이 위태로울 때 목재공장이 받쳐주고 목재공장이 휘청이면 수산물양식기지가 받쳐준다. 수산물양식기지가 잘 안 되는 시기에는 무역을 활성화해서 빈 곳을 받쳐준다고 한다. 특히 금컵무역회사(리정호의 공식 직책은 무역회사의 '사장'이다)는 대외경제활동을 능동적으로 벌여 경영자금을 자체로 마련하기도 했다.

목재공장을 마련한 이유도 재미있다. 리정호는 2014년 신년사를 연구하여 앞으로 건설에서 새로운 번영기가 마련될 것을 예견했다. 그래서 목재 수요가 많을 것을 대비하여 목재공장을 운영하기 시작했다. 건설에 필요한 목재 공급을 위해 규격화되고 일체화된 목재공장을 꾸렸더니 '위성과학자주택지구건설'에서 한 몫을 할 수 있었다고 한다.

차별화된 경영전략과 리정호 사장

금컵의 급속한 성장과 성공 배경으로 제일 강조되는 것은 일군(관리자)들의 리더십이다. 공장의 최고 책임자인 리정호는 공장이 설립되던 당시 38세에 불과했다. 리정호의 경험담은 조선노동당 기관지인 근로자(2015년 4호)에도 실릴 정도로 당 정책의 모범 사례로 인정받았다.

그는 경영전략의 차별성을 부단한 혁신으로 꼽았다. 과학기술을 중시하고 인재육성 및 관리에 힘썼다고 한다.

김일성종합대학 정문 건너편에 "자기 땅에 발을 붙이고 눈은 세계를

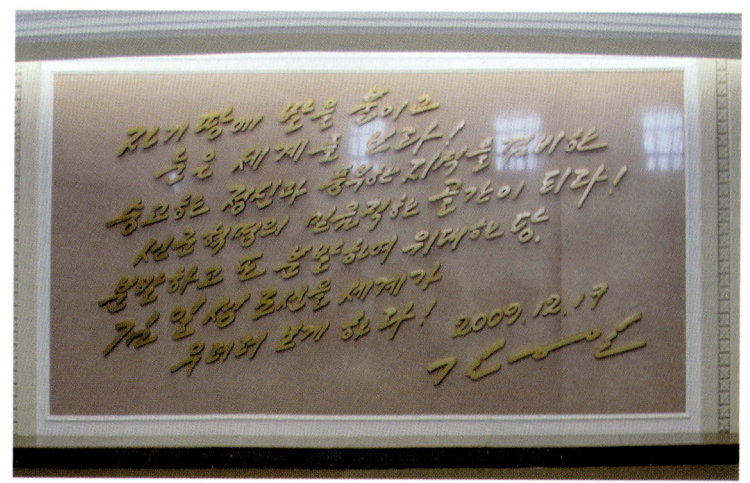

김일성종합대학 전자도서관에 걸려 있는 구호판

보라"라는 구호판이 있다.

리정호는 금컵식료공장의 목표를 이 구호에 맞추었다고 한다. 국내 1등을 넘어 세계적 수준에 도달하는 것을 목표로 해외 출장을 갔다 오면 좋은 제품들을 계속 가져와 비슷한 제품을 생산하는 노력을 계속했다. 초콜릿 기술자를 해외에서 초청해서 기술을 배웠고 호밀빵 제조 기술을 배우기 위해 프랑스까지 견습생을 파견하기도 했다.

새로운 제품을 계속해서 만들어내는 것, 외국의 뛰어난 품질의 상품을 직접 생산하는 것으로 목표로 삼았고 매주 새로운 상품을 개발해 제품 품평회를 계속했다고 한다. 조업을 시작하던 초기에는 생산하던 상품 수가 200여 개였는데 2015년 1월에는 10종 360여 가지, 2016년 5월에는

29종 510여 가지로 늘어났다. 이후 공장은 국제적 식품생산 관리기준인 '식품안전관리체계인증'까지 받았다.

    리정호는 노동자들의 과학기술 교육에 많은 노력을 기울였다고 한다. 과학기술보급실을 만들고 종업원들이 공장 내에서는 무선망을 통해 언

평양의 금컵체육인종합식료공장에서 생산된 사탕, 껌, 과자 등 다양한 생산제품들

제든지 공부할 수 있는 환경을 만들었다. 새로운 상품 개발을 위해 관련 연구기관의 도움도 받았지만 대부분 자체적으로 해결하였다. 태블릿PC를 활용해서 생산현장에서 관련 정보를 찾아보고 공부할 수 있게 했다. 교육 컨텐츠와 관련 자료는 북한 국내 인터넷망인 '국가망'을 통해 과학

기술전당, 인민대학습당, 김일성종합대학 원격교육대학, 체육과학도서관 등의 자료를 공급받았다. 그 결과 노동자들은 기술개발은 물론, 새로운 설비 조립도 스스로 수행할 수 있을 정도로 기술 수준이 높아졌다.

최근 북한 식료품의 디자인과 포장기술이 좋아졌다는 소식도 들린다. 사진으로 봐도 옛날 느낌의 조악한 디자인이 아니라 세련된 디자인임을 알 수 있다. 리정호는 김정은 위원장의 지시를 언급하면서 디자인, 포장기술을 특별히 신경썼음을 증언했다.

사회주의기업책임관리제와 내각책임제

김정은 집권 시기 공장·기업소 수준의 관리운영 방법의 변화는 사회주의기업책임관리제와 내각책임제로 나타났다. 사회주의기업책임관리제의 즉각 실시와 내각책임제 강화는 7차 당 대회에서 5개년 전략의 마지막 과제로 제기되었다.

김 위원장은 경제 사업에 대한 국가의 통일적 지도와 전략적 관리를 적극 추진하기 위해 "경제 사업에서 제기되는 모든 문제들을 내각에 집중시키고 내각이 주관하여 풀어나가겠다"는 점을 명확히 했다. 당 조직이 내각의 일에 너무 개입하지 말라는 뜻이기도 하고, 내각 조직들의 전문성을 살리면서 정상화하라는 뜻이기도 했다.

하지만 기업소들의 일까지 국가기관인 내각에 집중시키라는 뜻은 아니다. 수천수만을 넘어가는 기업소들의 서로 다른 기술 수준, 생산조건 등을 파악해서 국가가 세세하게 지도할 수는 없는 노릇이다. 내각중심제는 기업소들의 자율성을 보장해야 한다는 것을 포함하고 있으므로, 그 정도를 결정하는 데 김정일 시기부터 오랜 고민과 시험을 거듭했다.

7차 당 대회에서 곧바로 실시하기로 한 사회주의기업책임관리제는 이와 같은 고민의 결과를 담은 것이었다. 2013년에 일부 기업에 시범적으로 도입했던 사회주의기업책임관리제는 7차 당대회가 열렸던 2016년 정식 시행되었고 지금까지 실행규칙들을 계속 조정하고 있는 듯하다. 금컵체육인종합식료품공장은 아마도 시범 도입 단위 중 하나였을 것이다.

사회주의기업책임관리제는 그 명칭에서부터 기업의 책임과 권한이 높아질 것임을 알려준다. 또한 이에 대한 설명을 보면 이전에 없었던 권한까지 기업들에게 부여하고 있음을 볼 수 있다.

"사회주의기업책임관리제는 공장, 기업소, 협동단체들이⋯실제적

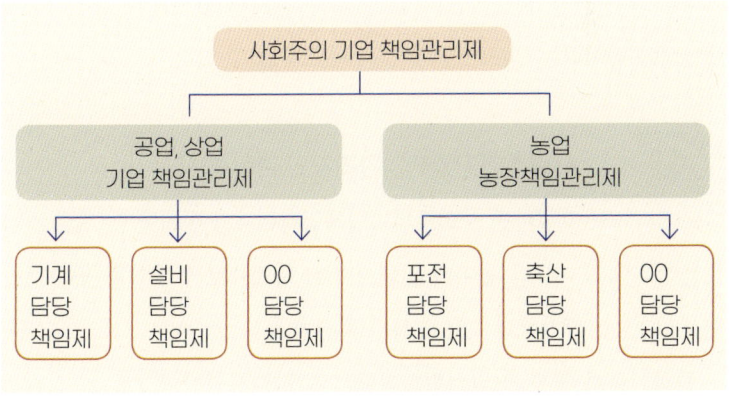

인 경영권을 가지고 기업 활동을 창발적으로 하여 당과 국가 앞에 지닌 임무를 수행하며 근로자들이 생산과 관리에서 주인으로서의 책임과 역할을 다하게 하는 기업관리 방법…기업체들에 부여된 경영권에는 확대된 계획권과 생산조직권, 관리기구와 로력조절권, 제품 개발권과 품질 관리권, 인재 관리권, 무역과 합영, 합작권, 재정관리권, 생산물의 가격 제정권과 판매권이 포함된다."

- 2016.7 『근로자』 사회주의기업책임관리제에 대한 설명

사회주의기업책임관리제가 위 내용 그대로 실시된다면 당연히 기업의 권한과 자율성이 대폭 상승될 것이다. 또한 계획권, 재정권리권, 가격제정권, 판매권, 인재 관리권 등을 기업들이 가진 상황에서는 생산과 경영을 얼마나 효율적으로 하는지에 따라 개별 기업이 갖게 될 이익의 편차도 커질 것이다. 즉, 사회주의기업책임관리제는 개별 기업들이 경영이익을 내는 만큼 물질적 이익을 가질 수 있도록 함으로써 생산의욕과 생산성을 높이려는 의도가 담겨 있는 제도라 할 수 있다.

사회주의기업책임관리제와 과학 중시

그렇다면 사회주의기업책임관리제가 실시될 때 개별 기업들은 자신들의 이익을 높이기 위해 어떠한 방법으로 생산성을 높여야 할까. 그 답은 과학기술과 교육을 통한 혁신이다.

과학기술과 경제 관리방법의 결합은 김정은 정권이 새로운 경제 관리

방법을 모색하면서 계속 강조해온 내용이었다. 2015년 북한의 논문을 보면, '우리식 경제관리방법'을 확립하는 데 있어 사회주의 원칙 견지와 함께 '객관적 경제법칙과 과학적 이치에 맞는 경제 지도관리'를 중요한 원칙으로 꼽았는데 그 내용이 과학기술 중시 정책과 연결된다.

"과학기술과 생산, 과학기술과 경영관리를 결합하고 과학기술의 힘으로 경제를 발전시켜나가는 혁신적인 관리방법으로 되어야 한다.… 경제지도와 기업관리에서 과학기술의 발전에 선차적인 힘을 넣고 생산과 기업관리의 모든 공정과 요소들을 과학화하여야 한다. 모든 기업체들이 새 기술의 연구개발을 적극 추진하며 과학기술과 생산이 일체화된 기업, 기술 집약형 기업으로 전환하고 발전하도록 하여야 한다."
– 2015년 발표된 사회주의기업책임관리제를 다룬 북한 논문의 일부

평양을 대표하는 대형마트인 '광복거리상업중심'에서 물건을 사는 평양 시민들. 대부분의 생활용품은 북한산으로 대체되어 있다.

생산과 기업관리의 모든 공정을 과학화하겠다는 목적을 가지고 기업들에게 '기술 집약형 기업'으로 전환할 것을 지시하고 있다. 이는 김정은 정권이 새로운 경제 관리 방법을 모색하면서 계속 강조해온 내용이었다. 금컵체육인종합식료공장 운영에서 기술혁신과 과학기술 수준 향상, 교육 등이 강조된 것도 이런 특징을 잘 보여준다.

생산 현장의 변화가 실생활의 변화로

국가 경제시스템이 무너졌다가 다시 되살아나는 것을 일반인들은 어떻게 알 수 있을까? 시장에서 국산품이 사라지고 저가 수입품으로 대체되는 모습과 역으로 국산품이 수입품을 몰아내는 모습에서 이런 변화를 읽을 수도 있다. 1990년대 북한 내부 시장 모습과 최근 북한의 모습도 이렇게 해석할 수 있다. 최근 중국산을 밀어내고 국산품으로 시장 물건들이 바뀌고 있다고 한다.

이런 변화를 이끈 금컵체육인종합식품공장을 자세하게 들여다보면, 이전과 다른 차원의 변화가 다양하게 일어나고 있다는 것을 알 수 있다. 그리고 이런 변화를 이끌기 위해 김정은 위원장을 비롯한 북한 지도부가 정책적으로 지원하고 애쓴 모습을 엿볼 수 있다.

대동강변에 건설된 평양 미래과학자거리 일부

2016

2016년
본보기도시 평양과 지방의 변화
조선노동당 7차 당대회

누군가 북한의 역사를 쓸 때 2016년을 대표하는 사건을 하나만 꼽으라면 십중팔구 5월에 열린 7차 당대회를 선택할 것이다. 조선노동당의 최고 의사결정기구인 당대회는 지난 당대회 결정사항의 실행결과를 평가하고 앞으로의 방향을 결정하는 행사이다.

북한은 조선노동당이 국가보다 우위에 있는 당·국가체제이기 때문에, 북한 체제의 특성상 당대회의 결정이 국가의 가장 중요한 노선·목표·정책이 된다. 이처럼 중요한 당대회를 북한은 1980년 6차 당대회 이후 36년 만에 열었다. 오랜만에 개최된 당대회에서 북한은 자신들의 발전 방향과 국정운영 목표, 그 실현방안을 제시했다. 그리고 그들은 당대회 이전부터 평양에 그것을 구체적으로 실현해오고 있었다.

36년 만의 당대회와 미래 비전

7차 당대회가 끝나자 다수의 전문가와 언론들은 "소문난 잔치에 먹을 것 없었다"고 평가했다. 자신들이 기대했던 비핵화나 개혁개방에 대해 새로운 얘기가 없었기 때문이다. 하지만 7차 당 대회는 외부 사람들에게 보여주기 위한 것이 아니라 북한의 집안 잔치다. 외부인들이 보고 싶은 내용이 아니라 북한의 발언들에 주목해야 김정은 시대가 어떤 방향으로 나아가려 하는지 알 수 있다.

북한은 7차 당 대회에서 정치군사강국, 과학기술강국, 경제강국, 문명강국의 면모를 갖춘 사회주의 강국 건설을 당면 목표로 제시했다. 정치군사강국은 김일성, 김정일 시대를 거치며 이미 완성했고 앞으로 유지 강화할 일만 남았다고 평가했다. 이와 달리 경제부문에서는 달성, 완성 등 완료형을 전혀 쓰지 않았고, "아직 응당한 높이에 이르지 못하고" 있다고 하며 매우 뒤떨어져 있음을 인정했다. 또 사회주의 강국을 완성하기 위해서는 경제 강국 건설에 주력해야 한다고 강조했다.

북한이 만들려는 경제 강국은 과학기술에 기초해 자립적으로 발전하는 나라, 연구개발의 성과가 바로 생산에 반영되고 첨단산업의 비중이 높은 지식경제강국이다. 그리고 인민들이 경제발전의 결과를 생활 수준과 문화 수준 향상, 노동조건 개선 등 구체적으로 누릴 수 있는 나라이다.

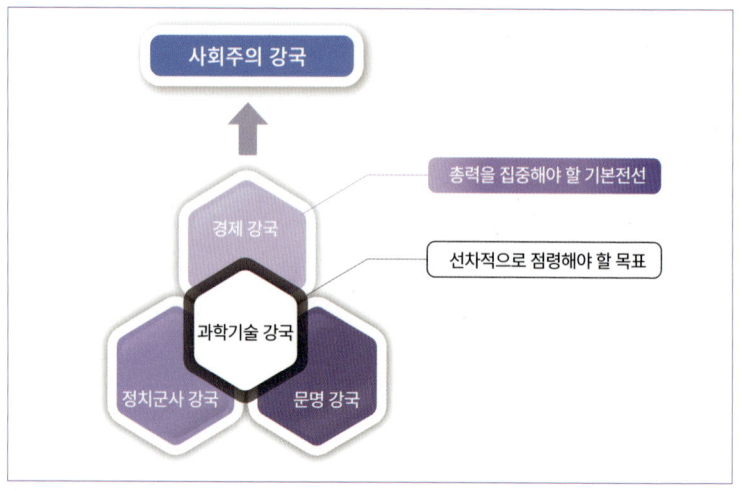

북한은 위와 같은 목표를 달성하기 위해 과학기술 강국 건설, 즉 과학기술 발전이 필수라고 규정했다. 김정은 위원장의 표현을 빌리자면 경제강국 건설은 "현시기에 총력을 집중해야 할 기본전선"이고, 과학기술 강국은 "선차적으로 점령해야 할 중요한 목표"이다.

사회주의 강국의 마지막 요소인 문명 강국 건설을 위해서도 과학기술이 필요하다. 문명 강국의 구체적인 목표가 인재 강국화와 전민과학기술인재화, 보건의료의 현대화, 체육의 과학화를 통한 체육 강국 건설 등이기 때문이다.

이상의 내용들은 7차 당대회에서 갑자기 등장한 것이 아니라 김정은 집권 이후 꾸준히 제기되고 정책에 반영해왔던 과제들이다. 그리고 북한은 말에 그치지 않고 정책에 반영하여 실제 실행해왔다. 특히 북한이 스스로 자신들의 심장이라 일컫는 평양에서는 당 대회 이전부터 그 구체적인 모습들이 드러났다.

과학자 우대 정책과 미래과학자 거리

김정은 집권 이후 수년 동안 평양에는 거의 매년 새로운 거리나 고층건물들이 들어섰다. 2012년 창전거리, 2013년 은하과학자거리·김일성종합대학 교육자 살림집, 2014년 위성과학자거리·김책공대 교육자 살림집, 2015년 미래과학자거리, 2017년 려명거리 등이 그것이다. 창전거리를 제외하면 모두 김정은 집권이후 뒤에 공사가 시작된 곳들이다.

새로운 거리들에서 주목할 점은 인민 주거환경 개선과 과학자 우대 정책이다. 2016년 신년사에서 2015년의 성과로 꼽힌 미래과학자거리는 과학기술 중시 정책에 따른 과학자 우대 정책을 구체적으로 보여주는 곳이다. 이곳은 김책공대 근처의 대동강가에 건설되어 2015년 11월 완공되었다. 천리마타일공장이 만든 색색의 타일로 외벽을 마감했기 때문에 평양의 기존 건물들보다 외관이 화려해서 국내에서도 많이 주목했다.

미래과학자거리는 살림집과 각종 편의시설들이 함께 들어선 복합주거단지이다. 여기에는 53층 건물을 포함해 19개 동의 아파트가 지어져 약 2,600세대가 입주했다. 탁아소·유치원·학교·입체율동영화관(4D 영화관) 등 10여 개의 공공건물, 주민들이 쉴 수 있는 휴식터, 체육공원들도

만들어졌다. 상가 건물 17개 동도 새로 세워져 창광상점(백화점), 컴퓨터 상점, 전자기구 상점 등 150여 개의 상업편의시설이 들어섰다.

거리 이름에 과학자가 괜히 들어간 것이 아니다. 미래과학자거리의 아파트는 김책공대, 평양건축대학, 김형직사범대학, 한덕수평양경공업대

평양 미래과학자거리 전경

학, 평양철도대학, 평양기계대학, 장철구평양상업대학 등 대학 소속 과학자, 교육자들에게 분양되었다. 즉, 미래과학자거리는 김정은 시대 북한이 지향하는 주거환경 개선의 방향과 과학기술 중시 정책에 따른 과학자 우대 정책을 구체적으로 보여주는 곳이다.

평양미래과학자거리 중심에 있는 창광상점, 정보기술교류소, 중앙이동통신기재판매소의 모습(위) 창광상점 내부 전경(아래)

평양 외곽에 신도시로 건설된 은하과학자거리(왼쪽)와 위성과학자주택지구(오른쪽) 모습

다른 곳들도 이와 비슷하다. 2013년 9월 준공식을 가진 은하과학자거리는 국방과학기술을 연구하는 제2자연과학원(현 '국방과학원')이 있는 평양시 룡성구역 은하동에 세워졌다.

여기도 미래과학자거리처럼 대규모 아파트 단지(21개 동 1,000여 세대)와 함께 병원, 유치원, 탁아소, 각급 학교, 10여 개의 공원 등 편의시설이 들어서 있다. 이곳의 살림집은 2012년 12월 인공위성 '광명성 3-2호' 발사에 참여한 연구자, 장기간 연구기관에 근무하다 은퇴한 과학자들에게 배당되었다.

2014년 10월 준공식이 열린 위성과학자거리는 북한 최고의 전문연구기관인 국가과학원 본원이 자리한 평양시 은정구역에 지어졌다.

여기에는 아파트 24개 동과 각급 교육시설, 종합 진료소, 약국, 종합편의시설은 물론이고 배구장·테니스장·롤러스케이트장이 있는 체육공원도 들어섰다. 이뿐 아니라 주민들이 채소를 직접 재배할 수 있도록 친

 환경 고리형 순환 생산체계를 도입한 태양열 온실 4개 동과 텃밭도 만들어졌다. 이곳 살림집에는 당연히 국가과학원 소속 과학자 가족들이 입주했다.

 당대회 이후인 2017년 4월 완공된 려명거리는 살림집만 해도 70층, 55층 건물을 포함해 44동 4천여 세대로 지어져서 규모가 미래과학자거리보다 두 배 이상 크다. 이곳 역시 준비단계에서부터 과학중시, 인재중시를 상징하는 거리를 표방했고, 준공 이후에 실제로 인근의 김일성종합대학 교육자들을 필두로 한 과학자, 연구사들이 우선 입주했다.

평양 김일성종합대학 인근에 들어선 려명거리 전경

농촌의 본보기, 장천남새전문협동농장

  미래과학자거리와 함께 2015년의 성과로 꼽힌 장천남새전문협동농장은 김정은 시대 북한이 지향하는 농촌과 농업의 모습을 보여준다. 평양 남동쪽 외곽의 평양시 사동구역에 위치한 이 농장은 평양 시민들에게 채소를 공급하는 곳이다. 2014년 6월 김정은 위원장의 현지지도 지시에 따라 약 1년 동안 현대화를 진행했다. 그 결과 약 4백 세대 1,300여 명의 농장원이 665동의 온실에서 고추, 호박, 토마토, 부추, 가지 등 다양한 채소를 재배하게 되었다.

평양 사동구역 장천남새전문협동농장 전경(위)과 농장 현황에 대해 설명하고 있는 관리위원장(아래)

　　장천남새전문협동농장은 무엇보다 농업생산과 경영의 과학화·정보화의 표본으로 꼽힌다. 온실마다 '온실 환경종합측정장치'를 설치해서 실시간으로 온도·습도·조도·이산화탄소 농도 등을 확인하고, 컴퓨터를 이용해 온실 상태를 채소의 생장에 적합하게 조절할 수 있다. 농장관리위원회도 종합지령실에서 컴퓨터를 이용해 각 작업반 활동을 실시간 지휘할 수 있다. 도서실, 전자열람실, 기술 학습실 등을 갖춘 과학기술보급실도 지어져서 농장원들이 이전보다 훨씬 쉽고 빠르게 최신 과학기술 지식

평양 장천남새전문협동농장 중심에 건설된 종합복지시설인 장천원 전경(위 왼쪽)
농장 내에 있는 각 농장원별 생산목표판(위 오른쪽)
장천남새전문협동농장의 배추 재배 온실 내부(아래) ⓒ후쿠다 게이스케

을 공부할 수 있게 되었다.

 이 농장에는 자연에네르기(친환경에너지) 기술도 많이 도입되었다. 온수와 전기를 자체적으로 충당할 수 있도록 농장 건물과 살림집마다 태양열 물 가열기와 태양광 발전 패널을 설치했다. 농장 온실과 축사에서 나온 폐설물을 이용하는 메탄가스 공급 시스템도 갖춰 취사를 해결한다고 한다.

 이곳은 각종 복지편의시설도 대도시 못지 않은 수준으로 갖추어 '농촌

태양열 이용시설이 갖춰진 장천남새전문협동농장의 주택들과 메탄가스 시설

문화혁명의 본보기'로 불린다. 여기에는 주민 건강을 위한 리 단위 인민병원은 물론이고 배구장, 수영장, 롤러스케이트장을 갖춘 공원과 유원지가 있다. 김정은 위원장이 평양의 예술극장에 비할 만하다고 높게 평가한 문화회관도 만들어졌다. 종합편의시설인 장천원에는 목욕탕, 이발소, 미용실, 수영장, 의류 및 신발 수선실, 사진관 등이 들어서 있다.

연이어 건설된 인민문화생활 시설들

평양은 북한 스스로 "조선의 심장"이라고 할 정도로 어느 면에서나 북한의 핵심 도시이다. 김정은 집권 이후 평양을 문명강국의 본보기로 만들기 위해 인민들이 다양한 여가와 문화생활을 즐길 수 있는 시설들을 연이어 건설했다.

2012년 인민극장, 릉라인민유원지, 류경원(종합 문화후생시설),

평양 릉라인민유원지 놀이시설 전경과 놀이기구를 이용하는 평양시민들

체육시설·놀이기구·편의시설을 갖춘 공원 18개가 새로 만들어졌다. 이 중 다수가 김정일 국방위원장 생전부터 계획되거나 공사를 시작한 곳들이었지만, 김정은 집권 이후 집중적으로 현지지도 하고 전폭적으로 지원해서 공사가 빠르게 진행되었다. 이와 함께 만경대유희장, 대성산유희장 등 기존 시설들도 보수공사를 거쳐 현대화되었다. 만경대유희장은 김정은 위원장이 현지지도 할 때 보도블록 사이에 난 잡초를 직접 뽑으면서 관리 부실을 질타했던 곳으로도 유명하다. 위 시설들 중 대표적인 곳이 2012년 7월 준공식을 가진 릉라인민유원지이다. 준공 당시 이곳에는 100정보(약 99만㎡, 30만 평) 부지에 1,460석 규모의 곱등어관(돌고래쇼관), 백 수십m짜리 물미끄럼대가 있는 릉라물놀이장, 다양한 놀이기구가 설치된 릉라유희장, 미니골프장이 들어섰다. 준공 이후에도 전자오락관, 미로유희시설, 입체율동영화관 등이 추가로

평양 문수물놀이장 전경(맨 위)과 미림승마구락부 내부 모습(가운데)
평양 대성산 아래 위치한 중앙동물원 입구(아래)

지어졌다. 북한 보도에 따르면 개장 이후 2017년 7월까지 5년간 연인원 450만 명이 릉라인민유원지를 다녀갔다고 한다.

2013년 10월에는 문수물놀이장과 미림승마구락부가 열흘 간격으로 문을 열었다. 문수물놀이장은 약 11만㎡ 부지에 20여 개의 물미끄럼틀과 10여 개의 풀이 있는 야외물놀이장, 종합적인 실내물놀이장, 실내체육관, 편의시설 등을 갖추었다. 미림승마구락부는 인민군의 기마훈련장을 김정은 위원장의 지시에 따라 근로자들과 청소년의 체력단련을 위한 승마장으로 새 단장을 한 곳이다. 다양한 승마 주로들과 수십 동의 건물들이 들어서 있다.

2016년 7월에는 새 단장을 한 중앙동물원과 새로 지어진 자연박물관도 문을 열었다. 1959년에 처음 문을 연 중앙동물원은 김정은 집권 이후 2014년의 1단계, 2015~2016년의 2단계 개건 보수공사를 통해 40여 개의 동물사가 새로 들어섰다. 우리의 자연사박물관들과 마찬가지로 우주관, 고생대관, 중생대관, 신생대관 등이 갖춰져 있다.

이처럼 북한은 김정은 집권 이후 평양에 수없이 많은 문화시설들을 건설했다. 지방에서도 평양만큼은 아니지만 공원과 유원지들을 새로 만들거나 보수작업을 진행했다.

평양 병원거리와 먼거리의료봉사체계

북한이 말하는 문명 강국의 주요 구성요소 중 하나가 높은 수준의 보건의료이다. 김정은 집권 이후 "인민생활 향상"을 강조하며 보

평양 류경안과종합병원 전경

건의료 체제를 재건, 정비, 강화하고 있다.

대표적으로 평양 문수지구 산원거리에 2012년 평양산원 유선종양(유방암)연구소 건설, 2013년 류경치과병원과 옥류아동병원 건설 등 보건의료의 핵심 거점을 새로 만들었다. 2016년 당 대회 이후에도 의료용 산소를 생산하는 보건산소공장이 조업을 개시했고, 류경안과종합병원이 개원식을 가졌다.

북한은 의료의 정보화, 즉 ICT를 활용한 의료 서비스 개선도 적극적으로 추진했다. 평양에 있는 중앙급 병원들과 도·시(구역)·군급 지방병원들을 연결하는 먼거리의료봉사체계를 강화했다. 먼거리의료봉사는 의미상 우리의 '원격의료'와 다르지 않다. 하지만 실태를 보면 남쪽에서는 주로 첨단 의료기기를 이용해 의사와 개인을 연결하는 것이 부각되는 반면, 북쪽에서는 병원과 병원을 연결하는 데 중점을 둔다. 평양과 지방 사이에 존재하는 의료격차를 단기간에 줄이기 힘든 상황에서, 하급병원이 중환자를 진단하고 치료할 때 원격화상시스템을 이용하여 중앙급 병원의 도움을 받도록 하는 것이 목적이다.

북 최초의 먼거리의료체계는 김정일 집권기인 2009년 3월에 이미 시작되었다. 중앙급 병원인 김만유병원과 도급 병원인 평안북도인민병원, 구역급 병원인 만경대구역인민병원을 시범적으로 연결한 것이다.

김정은 집권 이후에는 이를 더욱 확대하여 2012년 중앙병원들과 도·시·군 인민병원들을 모두 포괄한 전국적 범위의 '먼거리협의진단체계'를 구축했다. 2013년에는 상급병원의 외과 전문의들이 하급병원 수술실을 원격으로 지켜보면서 직접 수술 지도를 할 수 있는 '먼거리수술지원체계'도 도입했다고 한다.

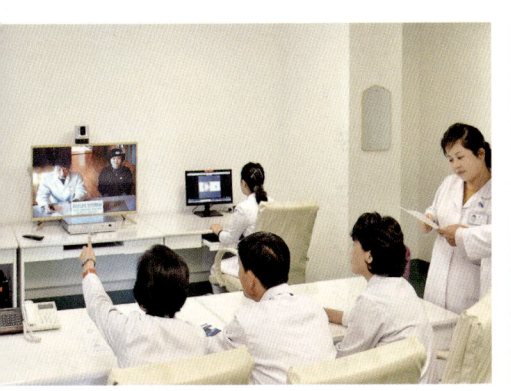 

'먼거리의료진료'를 하고 있는 류경안과종합병원(왼쪽)과 옥류아동병원의 모습(오른쪽)

같은 해 12월에는 유선암을 포함한 각종 유선질병의 예방과 조기 발견을 위해 평양산원 유선종양연구소와 각 도·시·군 병원을 연결하여 모든 여성들에 대한 정기 검진 시스템을 만들었다. 또 중앙급 소아과 병원인 옥류아동병원과 각 도 소아병원, 시·군 인민병원들도 순차적

옥류아동병원에 입원한 아이들이 병원 내에 마련된 공부방에서 수업을 하고 있다.

으로 연결해서 전국적인 소아과 먼거리의료시스템도 수립했다.

중앙급 병원의 정보화

북한은 먼거리의료체계와 함께 중앙급 병원 각각의 정보화도 추진했다. 컴퓨터를 적극적으로 활용해서 병원 운영과 환자 치료에 관련된 모든 정보들을 디지털화하고 의료 서비스 수준을 높이려는 것이다.

평양 문수지구에 들어선 병원들, 특히 류경치과병원은 개별 병원 정보화의 대표적인 본보기다. 리과대학과 협력해서 '류경2.0'이라는 병원정보시스템을 개발했는데, 환자의 접수·진찰·치료 내용을 모두 컴퓨터에 입력해 저장하고, 필요할 때 해당 과와 의사들에게 전송할 수 있는 시스템이다.

류경치과병원은 환자의 X-ray 사진을 이용해서 골밀도를 측정하고 임플란트를 설계할 수 있는 프로그램도 개발했다. 이런 성과에 힘입어 류경치과병원은 의료기관 중 처음으로 2016년에 정보화 모범단위에 선정되었다. 류경안과종합병원과 옥류아동병원은 이보다 늦은 2018년에 병원정보체계를 개발, 도입했다. 각각 김책공대와 협력해서 개발하는 과정에 표준화 오류에 따른 자료의 호환성 문제나 사용자 편의성 문제 등 시행착오를 겪어 지체되었다고 한다. 하지만 이곳들도 병원정보체계를 도입한 2018년에 정보화 모범단위로 뽑혔다.

문수지구 병원촌에 있는 곳은 아니지만 같은 해에 평양의학대학은 국가과학원과 함께 의료진 한 명이 여러 명의 중환자를 돌볼 수 있는 중환자 원격감시 및 관리체계를 개발했다.

2018년 정보화 모범단위에 선정된 류경안과병원의 진료 모습

평양 야외 롤러스케이트장 모습

체육 강국 건설의 거점도시

　　　　　　체육 강국도 문명 강국의 한 요소로서 북한이 부쩍 강조하는 부분이다. 북한은 김정은 집권 첫해부터 평양에 인민야외빙상장, 롤러스케이트장, 통일거리운동센터 등 체육시설을 연이어 만들었다. 2013년 5월에는 릉라인민체육공원과 평양국제축구학교도 준공했다. 20만㎡가 넘는 면적의 릉라인민체육공원에는 농구장, 축구장, 배구장, 롤러스케이트장 등 다양한 대중체육시설들이 들어서 있다.

　평양국제축구학교는 엘리트 축구선수를 길러내기 위한 곳으로서, 축구에 재능있는 학생들이 배우고 생활하는 기숙학교이다. 여기서는 축구실기와 이론교육은 물론이고 수학, 외국어, IT 등 일반 교과들도 가르치

평양 국제체육학교 학생들의 훈련 모습

고 있다. 그리고 이 학교에는 중등교육환경의 표준으로 현대화된 평양중등학원보다도 3년 먼저 컴퓨터, 전자칠판, 빔프로젝터, 촬영기 등을 갖춘 교실이 만들어졌다. 교육훈련의 과학화, 체육의 과학화를 위해 과학실도 두고 있다. 그리고 종합 신체능력 측정 장비·훈련 프로그램·측정 프로그램 등을 개발해서 실제로 선수 육성에 활용하고 있다.

2014년에는 만경대구역 청춘거리 체육촌의 개건 현대화 공사가 끝났다. 이곳은 원래 1988년 준공한 곳이었는데, 1년간의 공사를 통해 농구 경기장, 탁구 경기장, 역도 경기장, 축구경기장, 체육인식당 등이 새로 건설되었다.

2016년 6월 초에는 평양체육기구공장을 개건 현대화한 평양체육기자재공장이 준공되었다. 생산공정과 경영 전반이 현대화, 정보화된 이 공장은 체육기자재 품종 확대와 품질 향상, 원료와 자재의 국산화를 주도하는 체육 부문의 핵심 공장이다.

새로 완공된 평양 국제축구학교

평양국제축구학교 출신의 대표적인 선수는 한광성이다. 그는 2014년 아시아축구연맹(AFC) U-16 챔피언십 우승, 2015년 국제축구연맹(FIFA) U-17 월드컵 16강 진출의 주역으로 활약했다. 동갑내기인 이승우 선수와 함께 1998년생 축구 최고 유망주 50명에 뽑히기도 했다. 그는 2017년 북 선수 최초로 이탈리아 세리에 A에 진출했고, 2019년 가을에는 이탈리아 최고 명문팀 유벤투스로 이적하여 '인민 호날두'로 불리기도 했다. 그는 이후 카타르 리그로 이적되었는데, 해외에 파견된 북 노동자를 모두 추방하게 한 대북제재 때문에 북으로 복귀할 수밖에 없었다.

평양에서 전국으로

36년 만의 당 대회에서 북한은 정치군사뿐 아니라 과학기술, 경제, 문명 등에서 자신들이 지향하는 미래를 밝혔다. 북한은 김정

2017년 평양에 새로 건설된 류경김치공장 전경 (위). 류경김치공장을 모델로 평안남도 평성시에 건설된 평성김치공장의 생산공정 모습

은 집권 이후 당 대회가 열린 2016년까지 수년 동안 평양에 그 구체적인 모습을 만들어 왔다. 위에서 다루지는 않았지만 평양의 경공업공장, 식품공장들도 현대화, 자동화되고 통합생산체계가 도입되었다(2장, 8장 참고).

하지만 당시 우리는 평양의 새로운 모습을 직접 확인할 수 없었다. 대신 북을 자유롭게 드나들던 해외교포와 외국인들이 SNS에 올린 평양의 건물과 거리들을 볼 수 있었다. 또 백화점과 상점 진열대에서 북한산 제품이 중국제를 서서히 밀어내고 있음을 확인했다.

2018년 신의주를 현지지도하며 신의주시 건설계획도를 검토하고 있는 김정은 위원장

 적지 않은 사람들이 '특권층이 모여 사는 평양에나 이런 일들이 있는 거지'라고 생각할 것이다. 하지만 평양의 변화는 다른 지방으로 확산되어 갔다. 평양을 본보기로 다른 시·군의 공원과 유원지들이 보수되거나 새로 만들어지고, 평양의 학교들을 표준으로 삼아 전국 각지의 학교들이 순차적으로 현대화되고 있다.

 함흥, 신의주 등 주요 도시에 이미 교육자·과학자 아파트가 세워졌고, 각 도·시·군들도 각자의 계획에 따라 살림집을 순차적으로 새로 건설하고 있다.

 보건산소공장도 2019~20년 평안남북도, 함경북도 등에 세워졌다. 또 현대화된 김치공장, 샘물공장, 가방공장 등도 평양에 먼저 건설된 뒤 다른 지방으로 퍼져갔다. 평양의 본보기 사례가 분명 확대되고 있다.

군(軍) 시설의 민수 전용을 상징적으로 보여주는 함경북도 중평남새온실농장 모습

2017

06

2017년
군수의 민수 전환 본격화
핵무력 완성

   김정은 집권 10년 동안 북한의 가장 중대한 변화는 '핵무력 완성'이라 할 수 있다. 그동안 가능성으로만 존재했던 핵무력이 명확한 실체로 바뀌었다. 여섯 차례의 핵시험을 거쳐 다양한 종류의 핵탄두가 만들어졌다는 것이 물리적으로 증명되었고, 사거리 1만1천km가 넘는 ICBM, 여기에 더욱 까다로운 기술력을 필요로 하는 SLBM까지 확보하였다는 것도 사진과 동영상 등을 통해 공개되었다.

   '핵무력 완성'은 강력한 국방력은 물론 경제발전에 총력을 집중할 수 있는 여건이 되었다. 국방력 수준은 유지하면서 국방비를 줄일 수 있는 환경이 마련되었으므로 군수에 몰렸던 각종 자원, 기술, 자금, 인력 등을

2017년 11월 29일 '화성-15'형 장거리탄도미사일 발사 장면

민수로 전환하여 빠른 경제성장을 꾀할 수 있게 되었다. 경제운영에서 안보보다 효율이 중요하게 된 것도 핵무력 완성이 가져온 변화라 할 수 있다. 핵무력 완성은 말 그대로 판세를 근본적으로 뒤집어 버렸다.

2017년 11월 29일 오전 3시 17분

9개의 축, 18개의 바퀴가 달린 발사차량에 실려 온 '화성-15형'은 투명한 불꽃을 뿜으며 새벽하늘로 날아올랐다. 실제 사거리 시험발사를 할 수 없으므로 시험발사는 수직으로 곧게 올라갔다가 되돌아오는 '고각발사' 방식으로 진행되었다. 최고 높이 4천 475㎞, 비행시간

53분을 기록하였다. 수평이동 거리는 930㎞였다.

미사일의 대부분은 연료로 채워져 있다. 즉 미사일 무게는 연료의 양이 결정한다. 그리고 무게가 무거울수록 발사대 차량의 축수가 늘어난다. 따라서 발사대 차량의 축 수, 즉 바퀴 수가 늘어날수록 연료가 많이 탑재된 미사일이라는 뜻이 되고, 그만큼 사거리가 길다는 것을 뜻한다. 보통 축이 8개인 것부터 ICBM이라 추정한다.

2017년 7월에 두 번이나 시험발사된 화성-14형은 8축 차량에 실려 이동하였다. 2020년 10월 열병식에 공개된 새로운 화성 미사일은 무려 11축 차량에 실려 이동하였다. 화성-15형이 사거리 1만~1만 3천㎞로 추정된다면 11축 화성 미사일의 사거리는 단순 비율로만 보더라도 대략 1만 2천~1만 5천㎞가 된다. 평양-LA 사이의 거리가 9,500㎞이고 평양-뉴욕 사이의 거리가 1만 1천㎞이므로 화성 미사일 시리즈는 미국 영토까지 핵탄두를 싣고 날아갈 수 있는 수준을 넘어섰다.

화성-15형의 수직 최고 높이 4천 475㎞만 놓고 보아도 미사일이 ICBM으로 충분한 성능을 보유하였음을 알 수 있다. 일반적으로 지표면 상에서 같은 속력으로 물체를 던진다면, 수직으로 던져 올라간 최고 높이의 2배만큼 수평 방향으로 멀리 던질 수 있다. 즉 사거리 9천㎞가 충분히 가능하다.

그런데 화성-15형의 경우, 지표면이 아니라 지구 중력장을 벗어난 영역, 즉 대기권을 벗어나서 날아간다. 따라서 공기 저항이 없고, 중력의 영향을 덜 받기 때문에 지표면 상의 물체보다 더 먼 사거리로 비행

가능하다.

미사일의 추진력이 비슷하다면 비행시간이 길수록 사거리가 늘어난다. 자동차 가속 페달을 길게 밟을수록 자동차의 속력이 점점 빨라지는 것과 같은 이치다. 오랫동안 엔진이 작동할수록 사거리가 늘어난다. 화성-15형의 비행시간은 무려 53분이다. 미국의 대표적인 ICBM인 미니트맨3의 사거리가 6천 760km인데 비행시간이 대략 30분이라고 한다.

ICBM의 기술적, 물리적 완성

북한이 정상 각도가 아닌 고각, 즉 수직에 가까운 각도로만 시험발사했기 때문에 시험 결과를 폄훼하는 경우가 있다. 정상 각도 발사보다 고각 발사가 쉽다는 잘못된 정보가 잘못된 판단으로 이어진 경우이다. 정상 각도 발사란 수직이 아니라 대각선 방향으로 움직이는 것을 말하는데 이 경우가 대기권 재진입 상황에서 더 안전하고 마찰열도 적다. 수직으로 나갔다가 대기권에 재진입한다면 대기권에 의한 충격이 세지고 마찰열도 높아진다.

따라서 고각 발사의 경우 대기권 재진입할 때 자세 잡기도 더 어렵고 탄두가 더 높은 온도를 견딜 수 있어야 하므로 정상 각도 발사보다 훨씬 어렵다. 고각발사로 진행된 시험이라도 대기권 재진입이 제대로 되었다면 정상 각도 발사 조건을 이미 넘어섰다고 판단해야 한다.

대기권 재진입 기술은 인공위성 발사체와 ICBM 기술의 결정적인 차이다. 화성-15형의 시험발사에서, 대기권 재진입 기술이 검증된 것이 아니라고 평가절하하는 경우도 있는데, 2016년 3월 김정은 위원장이 직접 참관한 대기권 재진입 지상모의시험 결과를 간과한 것이다. 당시 시험은 탄두 모형 바로 위에서 고온의 화염을 뿜은 후 탄두 모양이 그대로 유지되는가를 보는 것이었다.

김정은 위원장이 직접 모양 측정 도구를 가지고 탄두 외형이 전혀 변형되지 않았음을 살펴보는 사진이 공개되었다. 이후 화성계열 시험에서 탄두 내부가 섭씨 25~45도를 유지하였다고 발표되었다. 화성-12형의 탄두가 대기권을 재진입한 후 통신장비가 작동하였다는 것이다. 탄두 속 통신장비가 작동하였다는 것은 탄두 내부가 안정적인 온도를 유지하였다는 증거라 할 수 있다.

SLBM과 핵추진 잠수함

SLBM은 물속에서 발사하기 때문에 ICBM보다 더 어려운 기술이 필요하다. 엔진을 가동할 수 없는 물속에서 무거운 미사일을 발사하는 '콜드런치' 기술이 필요하다. 압축 기체로 미사일을 물 밖으로 밀어냄과 동시에 공중에서 엔진을 점화, 비행시키는 기술이다. 물속에서 압축 기체만 가지고 무거운 미사일을 공중으로 띄우는 것도 어렵지만, 물 밖으로 나온 미사일이 안정적인 자세를 유지하면서 공중에서 점화를 되도록 하는 것이 더욱 어려운 기술이다. 엔진이 점화하는 순간 추력의 불균형이 생기면 미사일은 방향을 잃고 바닥으로 떨어지거나 정상궤도로 비행할 수 없다.

2019년 10월 잠수함발사탄도탄(SLBM) '북극성-3'형 시험 발사 모습

    따라서 미사일이 물 밖으로 밀려난 그 짧은 순간에 엔진을 점화하는 것과 함께, 자세가 흐트러지지 않게 통제하면서 엔진을 점화해서 정상궤도로 비행하게 하는 것은 전 세계에서 예닐곱 국가만 보유하고 있는 기술이다. 그만큼 난이도가 높은 기술이다.

    북한은 북극성이라는 이름의 SLBM을 개발하고 있다. 2015년 북극성 1형을 시험발사하는 데 성공했고, 2019년에는 북극성 3형을 시험발사했다. 2020년, 2021년 열병식에서 북극성-4ㅅ, 북극성-5ㅅ까지 공개되었다. 크기가 더 커지고 있는 것으로 보아 탑재 가능한 탄두 중량도 커졌고 사거리도 커졌다고 추정할 수 있다.

2020년 조선노동당 창건 75주년 기념 열병식 때 등장한 '북극성-4ㅅ'

2019년에는 SLBM를 실어 나를 새로운 잠수함이 완성단계에 있다는 것도 공개되었다. 2021년에는 원자력 추진 잠수함을 만들겠다고 공표한 바 있다.

여섯 차례 핵시험과 핵탄두 개발

북한의 1차 핵시험은 2006년 10월 9일에 진행되었다. 6자회담을 통한 북미 핵 협상이 더 이상 진전되지 않자 북한은 핵관련 조치 수준을 높여 버렸다. 1980년대부터 약 20년에 걸쳐 원자로 건설부터 재처리 단계를 조금씩, 천천히 진행해 오다가 2006년에 처음으로 핵탄두를 만들어 폭발시켜 본 것이다.

당시 1차 핵시험에 대해 폭발력, 규모 등으로 논란이 많았는데 이는 지엽적인 문제제기에 지나지 않는다. 지하 핵시험장에서 인위적으로 핵붕괴 연쇄반응을 일으켰다는 사실 자체가 중요하다. 충분한 핵물질이 있다 하더라도 연쇄반응을 인위적으로 조절하여 순식간에 반응하도록 만드는 것이 가장 어렵기 때문이다. 규모가 예상보다 작다는 비판도, 핵탄두의 개발 방향이 소형 핵탄두라는 것을 간과한 것이다.

2017년 9월, 6차 핵시험까지 진행한 후, 북한은 핵무력 완성을 선언하였다. 4차례의 핵시험은 모두 김정은 집권기에 진행되었다. 2013년 3월 전원회의에서 '경제건설 및 핵무력건설 병진노선'을 채택한 후 핵개발에 집중했다는 뜻이다.

1차부터 4차 핵시험까지는 대략 3년 주기로 일정하게 핵시험이 진행되었다. 그런데 5차 핵시험은 4차 핵시험을 진행한 지 불과 8개월만인 2016년 9월에 진행되었다. 핵시험의 주기가 바뀐 것은 핵시험의 내용이 바뀐 것과 연관된다. 이전까지는 다양한 핵종, 즉 플루토늄뿐만 아니라 우라늄을 활용한 핵탄두를 개발하는 과정이었다고 볼 수 있다. 4차 핵시험에는 수소탄 시험도 포함되어 있었다.

5차 핵시험은 탄두 제작만을 위한 것이 아니라 핵무력 관리 시스템 개발도 포함되어 있었다. 우선 핵무기와 관련한 전담 개발연구소가 만들어졌다. 5차 핵시험에 대한 발표가 '핵무기연구소' 명의로 처음 발표되었다. 또한 4차 핵시험 이후 '핵무력 유일적 관리체계'를 만들라는 지시가 있었으므로 5차 핵시험은 핵무기 개발 및 관리체계를 만든 후 이를 시험

북한은 2018년 4월 개최된 조선노동당 제7기 3차 전원회의에서 핵무력 완성을 선언했다.

가동해 본 것이라 할 수 있다.

　6차 핵시험이 마지막이 될 것이라는 징후는 핵무력 완성을 선언했던 2018년 4월의 7기 3차 전원회의에서 나왔다. 연쇄 핵반응 이전 단계까지만 실제로 진행하고 나머지 단계는 컴퓨터 시뮬레이션으로 진행하는 '임계전 핵시험'을 수행했다고 밝혔다.

　결국 2017년 9월 6차 핵시험을 끝으로 ICBM에 장착할 수 있는 다양한 핵분열탄(플루토늄, 우라늄), 핵융합탄(수소탄)을 모두 개발하고 개발 단위를 새롭게 만들었으며 전체를 관리할 시스템(유일적 관리체계)까지 만들었다. 게다가 임계전 핵시험 능력, 즉 더이상 핵시험을 하지 않아도 핵능력을 계속 개발할 수 있는 능력까지 갖추었다. 이로써 핵무력 완성에 필요한 모든 요소가 완비되었다고 볼 수 있다.

이제 남은 건, 군수의 민수 전환

북한 지도부는 1990년대 말에 선군노선을 수립한 다음, 2000년대 초에 이르러 경제발전 전략을 마련하였다. 김정일 위원장은 2002년에 새로운 경제발전 전략을 '국방공업을 확고히 앞세우는 것과 함께 경공업과 농업을 동시에 발전시켜 인민생활을 획기적으로 높이는 것'으로 정식화했다.

'중공업을 우선적으로 발전시키면서 경공업과 농업을 동시에 발전시킨다'는 김일성 시대의 경제발전전략과 일맥상통하는 것이다. 국방공업이 중공업의 한 영역이면서 특화, 심화된 것이라 할 수 있기 때문이다. 차이가 있다면 이전 시기에는 중공업 부문을 우선적으로 갖추자는 의미였고 이번에는 이미 확보한 국방공업을 좀 더 견고하게 먼저 만든다는 정도였다.

첨단무기 개발 등으로 국방력을 확보하고, 그 과정에서 획득한 과학기술력을 농업과 경공업 부문, 즉 민수 부문으로 전환해 기술혁신을 통한 경제발전을 추구하겠다는 전략이다.

국방력 확보를 통해 전쟁의 위험이 없어지면 안보의 논리가 앞서면서 생기는 비효율적인 경제 운영을 감내할 필요가 없게 된다. 효율성이 우선이 되니 궁극적으로 경제발전에 도움이 된다. 예를 들어 전쟁의 위험이 있을 때는 중요 기업소의 위치를 선정할 때 경제적 효율성보다 공격으로부터 피해를 최소화하는 방법이 더 중요하게 고려된다. 중요한 산업 시설을 교통이 편리하고 원료, 연료에 대한 접근성이 좋은 곳, 즉 경제적 타산이 가장 좋은 곳에 건설하지 않고 지하 깊숙한 곳 혹은 산으로 둘러싸인 곳에 건설하게 되는 것이다. 전쟁의 위험이 없어지면 중요 생산 시설들은 해안가나 철도나 도로변으로 나오게 된다. 경제적 효율성이 가장 중요한 기준이 된다.

'경제·핵 병진'에서 '경제건설총력집중'으로

2000년대 초에는 핵무력이 특정되지 않은 상태에서 국방공업을 우선적으로 발전시킨다는 수준의 전략만 세워졌다. 하지만 2008년 핵협상이 무위로 돌아간 뒤, 핵무력을 완성하기로 결정한 다음에는 국방공업, 그중에서도 핵무력 완성에 집중하면서 경제발전을 동시에 추구하는 방향으로 전략이 약간 수정되었다.

그 결과 2013년 3월 전원회의에 이르러 '경제건설 및 핵무력건설 병진노선'이 채택되었다. 핵무력을 우선적으로 발전시킨 다음, 그 결과로 생긴 과학기술 성과와 유휴 자원들을 민수로 돌려 경제건설을 가속한다는 전략이라 할 수 있다.

2017년 11월 핵무력 완성 이후 처음으로 열린 2018년 4월 3차 전원회의에서 '사회주의 경제건설에 총력집중' 노선이 채택된 것은 2000년대 초에 세워진 선군 경제발전전략에 따른 당연한 귀결이었다. 국방공업, 그중에서도 핵무력에 집중하여 일단락지은 다음, 그 결과를 앞세워

경제발전 전략에 집중하자는 것이다.

국방 부문의 앞선 과학기술을 활용하여 생산활동 전반에서 기술혁신을 추구하겠다는 전략이었기에, 사회주의 경제건설에 총력 집중하는 구체적인 방법으로 과학기술 중시정책이 중요하게 다루어졌다.

강력한 경제 제재 환경 속에도 기어이 핵무력을 완성한 까닭은 안보 문제뿐만 아니라 경제발전 전략의 일환이었다고도 볼 수 있다. 외부의 지원에 기대지 않고 자체적으로 경제발전을 추구하기 위해서는 그나마 경제난의 영향을 덜 받은 군수부문을 적극 활용해야 했다.

그리고 단순한 요소투입 효과(노동력, 자본, 자원 등을 투입량을 늘리는 방법)를 넘어 기술혁신을 통한 생산성 향상을 추구하기 위해서는 세계적 수준에 도달한 국방 과학기술계의 능력과 성과를 민수에서 활용해야 했다.

북한의 전략적 선택은 핵무력 완성으로 안보위협으로부터 벗어나는 것, 이후 국방 부문의 자원들을 재배치하여 민수 부분으로 전환하는 것에 있었다. 따라서 북한의 핵무력은 완성되는 순간부터 일종의 비핵화와 유사한 과정을 밟게 되어 있었다. 기존에 확보한 핵무력을 유지하는 수준의 자원만 남기고 인력은 물론, 연료, 원료, 기술, 자금 등 민수에 활용할 수 있는 자원들은 스핀오프(spin-off) 되기 시작하였던 것이다.

핵무력에 모여 있는 자원들을 없애거나 축소하는 것까지 비핵화라는 범주에 포함한다면, 2018년 이후 북한의 정책은 자체적으로 비핵화를 시작한 것이라 해석할 수도 있다.

군수공업부문 생활필수품 품평회

 핵무력이 점차 완성되어감에 따라 군수 부문의 생산 요소들이 민수 부문으로 이전되는 흐름이 조금씩 나타나기 시작하였다. 최고지도자 김정은 위원장이 직접 그 사례를 언급하는 경우가 많아졌다.

 그중 하나가 2015년 처음으로 개최된 '군수공업부문 생활필수품 품평회'이다. 군수 공업부문에서 보유한 첨단 과학기술로 생활필수품을 만든다면 훨씬 잘할 수 있다고 하면서 김정은 위원장이 직접 지시하여 진행된 행사였다. 당시 품평회가 좋은 평가를 받아 2년마다 정기적으로 개최되었다. 2019년 9월에 3번째 품평회가 열렸는데, 여기에 출품된 제품들

2015년 노동·군수공업부문 생활필수품 품평회장에 출품된 유모차

은 미래과학자거리에 있는 창광상점에서 판매되고 있다.

2019년 신년사에서 김정은 위원장은 군수공업의 민수경제 지원을 분명히 밝혔다. "인민군·군대가 인민과 힘을 합쳐 경제 강국 건설과 인민생활 향상에 기여했다"는 언급은 거의 해마다 있었다.

하지만 국방공업 또는 군수공업이 경제발전에 이바지했다는 평가가 나온 것은 처음이었다. 2017년 핵무력 완성 선언 이후 첫 번째 해인 2018년부터 군수공업 부문이 원래 임무인 "국방공업의 주체화, 현대화를 통한 국가 방위력 향상"과 함께 "경제건설을 적극 지원"하는 일에 본격적으로 투입된다는 것을 일반화한 것이다.

군수공장에서 제작되는 스키장 설비

2019년 8월 31일에 공개된 평안남도 양덕군 온천관광지구의 스키장 설비를 군수공장들이 제작한 것은 군수부문 민수 전환의 또 다른 사례이다. 스키장에서 쓰일 각종 기계설비를 주요 군수공장에 제작을 맡겼다고 김정은 위원장이 직접 언급하기도 했다. 2014년 개장한 마식령스키장을 만들 때는 대부분 수입제품으로 설비들을 마련하였다고 알려져 있다.

당시 북한 기술력이 낮아서 스키장 설비조차도 못 만든다는 평가가 많았다. 양덕군 온천관광지구 사례를 보면, 2014년까지는 군수와 민수 구분 때문에 스키 설비를 수입할 수밖에 없었지만 2019년부터는 군수공장들이 자체 보유 기술력을 가지고 민수제품까지 직접 제작하게 되어 국산

2019년 함경북도 경성군에 새로 건설된 중평남새온실농장 전경(위)과 온실 내부 모습(아래)

2019년 8월 31일에 공개된 평안남도 양덕군 온천관광지구의 스키장

화가 가능하게 되었다고 평가해야 할 것이다.

    2019년에는 스핀오프 규모가 더 커졌다. 김정은 위원장이 직접 기존의 비행장을 없애고 중평남새온실농장과 양묘장을 지으라고 지시하였다. 이곳은 차광수비행군관학교 실습비행장 중 한 곳이었는데 함경북도 전체를 대상으로 야채와 묘목을 공급할 수 있는 생산 시설로 바뀐 것이다.

민수를 위해 직접적으로 군 시설을 없앤 대표적인 사례였다. 생필품 생산에 필요한 것에서 기계 제작에 필요한 것으로, 이제는 비행장 전체를 내놓는 정도로 스핀오프 규모가 확대된 것이다.

북핵 문제, 다른 문제들과 독립·분리해야

2017년 이후 북한 핵 문제는 완전히 다른 상태, 즉 개발 단계에서 완성 단계로 넘어갔다. 제재 등을 통해 외부에서 기술이나 자원, 기계 등이 유입되는 것만으로는 북핵을 막을 수 없는 상태가 되었다는 뜻이다. 그리고 설령 북한이 완성된 핵을 폐기했다고 신고하더라도 이를 제대로 검증할 수 있는 과학기술은 아직 지구상에 없다. 따라서 비핵화를 전면에 내세우거나 다른 것과 연동시키는 것은 아무것도 안 하겠다는 것과 거의 같은 의미가 된다.

언제부터인가 북핵 문제, 혹은 비핵화 문제가 남북, 북미 사이에 가장 중요하고 핵심적인 문제로 다뤄지고 있다. 북핵 문제를 해결하는 것이 최우선 과제가 되었다. 적대적인 관계로 인해 생겨난 핵 문제가 이제는 역으로 적대관계를 끝내지 못하는 이유가 되었다. 북핵 문제는 물론 남북, 북미 사이의 관계 정상화도 이루어질 수 없는 것이 된다. 북핵 문제를 다른 문제와 독립, 분리하겠다는 전략적 결단이 필요한 때이다.

2018년 6월 첫 북미정상회담에서 만나 함께 산책하고 있는 김정은 국무위원장과 도널드 트럼프 대통령

2018

07

2018년
세기의 만남과 역사적 합의
첫 북미정상회담

    2018년 세계의 눈은 한반도를 향했다. 2018년 펼쳐졌던 남북미 정상들의 만남에 전 세계인들은 흥분했고, 그 중심에 북한의 지도자 김정은 위원장이 있었다.

    2018년 한해 세 차례의 남북정상회담이 진행되었다. 정상회담 역사상 최초로 군사 문제가 중요한 합의 사항이 되는가 하면, 비핵화가 남북 회담에서 최초로 합의문에 명기되기도 했다.

    북미정상회담은 가장 오래된 적대관계를 청산하는 의미를 갖는 것이었다. 6월 북미 정상은 신뢰구축을 통해 한반도 비핵화를 추진하고, 그

성과를 살려 한반도 평화 그리고 북미 두 나라의 새로운 관계를 구축하기로 합의했다.

'세기의 만남'은 김정은 시대 북한의 가장 중요한 특징이면서 가장 큰 변화라고 할 수 있다. 무엇이 김정은 시대 북한으로 하여금 세기의 만남에 적극적으로 나서게 했던 것일까. 그리고 세기의 만남을 통해 김정은 시대 북한이 그렸던 그림은 무엇이었을까

핵 억지력 완성의 자신감

핵무기를 보유한 국가들 사이에서는 전쟁을 하지 않는다는 것이 국제정치학의 정설이다. 상대방을 공격하면 상대방으로부터 핵 공격을 받을 수 있다는 공포가 전쟁을 억지한다는 것이다. 북한 역시 이 같은 사고에 기초하여 핵무기를 개발하고 그 운반수단인 미사일을 개발해왔다. 따라서 북한의 입장에서 2017년 11월 29일은 핵억지력이 완성되는 순간이었다. 미국 본토에 도달할 수 있는 사거리 11,000km 이상 되는 대륙간탄도미사일(ICBM) 시험발사에 성공했기 때문이다.

성공 직후 북한은 "미국 본토를 핵으로 위협할 수 있는 전략국가의 지위에 올랐다"고 선언했다. 2018년 신년사에서 김정은 위원장은 "이제 미국은 우리에게 전쟁을 걸어오지 못한다"고 명시했다. 핵억지 이론에 근거해서 '미국을 핵으로 위협할 수 있는 무기를 확보했으니 미국은 전쟁을 일으키지 못한다'는 자신감 어린 결론을 내린 것이다.

이 같은 결론은 북한의 정책에서 대단히 중요한 몇 가지 변화를 이끌

어냈다. 첫째, 병진노선에서 경제건설집중노선으로의 변화이다. 둘째, 남북관계 개선을 위한 적극적인 대화 공세를 펼친다. 셋째, 북미관계, 북중관계 등 대외관계 개선을 위한 적극적인 외교를 시작한다.

52년 만에 복귀한 '경제건설총력집중' 노선

판문점 남북정상회담이 열리기 1주일 전인 2018년 4월 20일 북한은 '경제건설·핵무력건설 병진노선'의 종료를 선언하고 사회주의경제건설총력집중노선(이하 경제건설집중노선)을 채택했다. 핵무력을 완성했으니 병진노선을 종료하고 경제건설에 집중하는 것은 북한 논리상 당연한 귀결이라고 할 수 있다. 그러나 북한 경제노선의 역사를 되짚어보면 1960년대 이후 처음으로 경제건설에 집중하는 노선을 채택했다는 점에서 특별한 의미를 갖는다.

1961년 4차 당대회에서 북한은 사회주의 개조의 완성을 선언하고, 사회주의경제건설을 본격화하기 시작했다. 그러나 미국의 사회주의 고립정책이 강화되고 중소 분쟁이 격화되는 등 대외환경이 악화되면서 북한은 1962년 12월 '경제건설·국방건설 병진노선'을 채택했으며, 이 병진노선은 사실상 1990년대까지 지속되었다.

따라서 2018년의 경제건설집중노선은 1962년 이후 52년 만의 복귀인 셈이다. 북한의 경제정책이 52년 만에 정상화되었다고 해도 과언이 아니다. 북한으로써는 그만큼 중대한 변화를 결단했다는 의미이기도 하다.

또 하나 짚고 넘어가야 할 것은 결정 시점이다. 경제건설집중노선을 결정한 것은 4월 20일이었다. 남북정상회담을 1주일 남겨둔 시점에서 병진노선을 종료하는 모양새를 취함으로써 대남정책과 대외정책의 진정성을 보여줌과 동시에 새로운 경제건설노선에 유리한 대외환경을 조성하겠다는 의사가 반영된 것이라는 해석이 가능하다.

2019년 2월 하노이 정상회담에서 북한이 '영변 핵시설의 폐기'를 '인민경제와 관련한 항목들에 대한 대북제재 일부 해제'와 맞교환하려 했던 것 역시 이 같은 해석에 힘을 보태준다.

파격에 파격을 거듭한 남북관계

2018년 9월 19일 평양의 릉라도 5.1경기장에서는 상상하기 힘든 장면이 연출되었다. 문재인 대통령이 15만 평양시민들 앞에서 연설을 한 것이다. 아니 정확히 표현하자면 김정은 국무위원장이 문재인 대통령에게 평양시민들 앞에서 연설할 기회를 주었다. 북측이 남측 당국을 그리고 문재인 대통령을 어떻게 받아들이고 있는가를 보여주는 상징적인 장면임과 동시에 남북관계 개선에 대한 북측의 적극성을 보여주는 상징적 장면이 되기에 충분했다.

북한은 핵무력 완성 이후 적극적인 대남 정책을 추진했다. 2018년 4월 판문점 정상회담은 2월 평창올림픽에 김여정 부부장을 자신의 특사로 파견하여 문재인 대통령에게 방북 초대장을 보냄으로써 시작되었다. 2018년 5월 26일 판문점에서의 '깜짝 정상 회동' 역시 김정은 위원장이

2018년 4월 27일 판문점에서 만나 군사분계선을 넘었다 내려오는 문재인 대통령과 김정은 국무위원장

2018년 9월 평양 남북정상회담 방문기간 능라도 5.1경기장에서 연설하는 문재인 대통령

먼저 제의한 것이었다.

  북한의 적극성은 의제에서도 확인된다. 그동안 북한은 비핵화를 논의하자는 남측의 제의를 거부해왔다. 비핵화는 북미 사이의 의제라는 이유에서였다. 그러나 4.27 판문점선언, 9월 평양공동선언에 비핵화라는 단어가 들어가 있다. 김정은 위원장이 동의한 결과이다.

  특히 2018년의 남북정상회담에서 군사적 문제가 중요하게 다루어진 점에 주목할 필요가 있다. 남북정상회담에서 군사적 문제가 논의되고 합의된 것은 2018년이 최초였기 때문이다. 4월 판문점선언에서 군사 분계선 일대에서 일체의 적대행위를 중지하기로 합의했으며, 9월 평양공동선언에서는 그 지역적 범위를 한반도 전체로 넓히기로 합의했다. 또한 남북 군사당국자들 사이에 채택된 '판문점선언 군사분야이행합의서'를 9월 평양공동선언의 부속합의서로 채택했다.

남북관계의 좌절과 퇴보

파격은 2019년에도 계속된다. 김정은 위원장은 2019년 신년사에서 '조건 없이, 대가 없이' 개성공단과 금강산 관광을 재개하자고 제안했다. 본래 9월 평양공동선언에서 개성공단과 금강산 관광을 '조건이 마련되는 대로 우선 정상화'하기로 합의했다. 여기서 조건이 마련된다는 것은 대북제재, 미국의 반대를 해결하는 것이었다. 남측이 이 같은 조건을 해결하지 못하자 북한이 남측 당국에게 해결의 열쇠를 쥐어준 것이다. '대가 없이'라는 말은 금강산 관광은 무상으로, 개성공단은 임금을 받지 못하더라도 우선 운영하겠다는 의미이다.

그러나 이 같은 제안마저 거부당하고 급기야 하노이 북미정상회담마저 성과 없이 끝나면서 남북관계는 정체, 퇴보국면으로 들어가게 된다.

2019년 8월 한국 정부는 '지도부 참수작전', '북한 안정화 작전'이 포함된 한미군사연습을 주도하게 되는데, 이 사건은 남북관계가 결정적으로 후퇴하는 계기가 되었다. 남한은 전시작전권환수를 이유로 들었지만 북한은 이때부터 문재인 정부를 재평가하기 시작했다. 2020년 대북전단 살포를 방치하는데 이르자 재평가 작업을 완료했다.

2020년 6월 북한은 남측이 자신들을 적대하는데 따라 자신들도 남측을 협력의 대상이 아니라 적으로 대우하겠다는 입장을 발표했다. 개성 연락사무소의 폭파는 그 결과였다.

북미정상회담의 성공과 실패

어떤 이들은 싱가포르 북미정상회담을 알맹이 없는 회담으로 평가하지만 국제정치학의 맥락과 한반도 문제의 현실을 감안하면 가장 탁월하고 현실적인 해법을 마련한 회담이었다. '신뢰 구축'을 북미관계, 비핵화 협상의 동력으로 설정했고, '북미관계 개선 → 한반도 평화 → 한반도 비핵화'라는 프로세스를 합의했기 때문이다. 북한에게 있어서

2018년 6월 싱가포르에서 첫 만남을 가진 김정은 국무위원장과 도널드 트럼프 미국 대통령이 악수하고 있다.

| 2018년 6.12북미공동성명 |

김정은 위원장과 트럼프 대통령은 새로운 조미관계수립이 조선반도와 세계의 평화와 번영에 이바지할 것이라는 것을 확신하면서, 호상 신뢰구축이 조선반도의 비핵화를 추동할 수 있다는 것을 인정하면서 다음과 같이 성명한다.

1. 조선민주주의인민공화국과 미합중국은 평화와 번영을 바라는 두 나라인민들의 념원에 맞게 새로운 조미관계를 수립해나가기로 하였다.
2. 조선민주주의인민공화국과 미합중국은 조선반도에서 항구적이며 공고한 평화체제를 구축하기 위하여 공동으로 노력할 것이다.
3. 조선민주주의인민공화국은 2018년 4월 27일에 채택된 판문점선언을 재확인하면서 조선반도의 완전한 비핵화를 향하여 노력할 것을 확약하였다.
4. 조선민주주의인민공화국과 미합중국은 전쟁포로 및 행방불명자들의 유골발굴을 진행하며 이미 발굴 확인된 유골들을 즉시 송환할 것을 확약하였다.

이 회담은 '세기적 만남'이었다.

이 세기적 만남을 위해 북은 많은 노력을 기울였다. 남측의 정의용 특사를 통해 트럼프 미 대통령에 정상회담을 제의하는 친서를 보냈고, 5월 트럼프가 북미정상회담을 취소하려 하자 문재인 대통령과의 판문점 긴급 회동을 제의하여 꺼져가는 북미정상회담의 불씨를 살리기도 했다.

싱가포르 북미정상회담은 북에게 있어서 완벽한 성공이었다. 북한은 오랜 기간 동안 미국의 적대정책 철회를 요구해왔다. 비록 싱가포르 공동성명에는 적대정책 철회라는 문구는 없지만 새로운 북미관계의 수립이 명시됨으로써 적대 정책 철회 가능성을 내포하고 있었다. 무엇보다 '호상 신뢰구축'(mutual confidence building)이 한반도 비핵화를 추동한다는(promote) 것을 합의함으로써 비핵화 협상은 새로운 전환점을 맞게 되었다.

북한이 북미정상회담을 통해 달성하고자 했던 또 하나의 목표는 아마도 경제건설총력집중에 필요한 대외환경을 마련하는데 있었을 것이다. 북한에게 있어서 대북제재의 철회 혹은 완화는 그것을 위해 필요한 최우선적 대외환경이었다.

북한은 하노이 정상회담에서 그 목표를 실현하려는 구상을 갖고 있었던 것으로 보인다. 영변 핵시설을 폐기하는 것과 대북제재 일부 해제를 교환하는 비등가적 거래에 동의한 것이다. 영변 핵시설은 북한 핵시설이 집중되어있는 지역이다.

또한 핵시설은 한번 폐기하면 되돌리기 어려운, 즉 불가역적인 물리적

설비이다. 이에 반해 대북제재 일부 완화는 언제든지 되돌릴 수 있는, 즉 가역적인 정책이다. 이전 시기 북한의 협상 패턴에서는 도저히 수용할 것 같지 않은 불평등 거래를 수용한 것이다.

그러나 하노이 회담은 성과 없이 끝났고 대북제재를 완화하여 경제건설에 필요한 외적 자원을 확보한다는 북한의 목표는 끝내 달성되지 못했다. 그해 5월 판문점에서 문재인 대통령의 주선으로 다시 한 번 트럼프와 회동을 갖고 북미 회담을 재개하려 했으나 북미 회담은 재개되지 못했다.

북한에게 있어서 대북제재 완화보다 중요한 것은 미국의 대북적대정책의 철회였다. 북한이 보기에 미국은 대북적대정책을 철회하겠다고 한 자신의 약속 이행은 뒷전이고 이미 실무협상에서 합의했던 영변 핵시설 외에 더 많은 핵시설을 폐기하라고 압박했다.

미국이 제재 완화를 미끼로 더 많은 양보를 강요하는 것으로 북한은 받아들였던 것으로 보인다. 북한으로서는 추가적인 양보는 협상이 아니라 굴욕이라고 판단했을 것이다.

결론을 내려야 했다. 미국과의 협상을 계속 시도할 것인가 아니면 새로운 길을 걸을 것인가. 결국 북한은 2019년 12월 말 전원회의를 통해 미국과의 협상을 접고 새로운 길을 결정했다. 새로운 길은 핵 증산의 길이었다. 대북제재가 유지되고 강화되는 속에서 경제건설을 해야 하는 고통스러운 길이었다. 그러나 북한에게는 그 길 외는 다른 선택지가 없었다.

한 가지 확실한 것은 바이든 정부 출범 이후 북미 대화의 가능성은 더욱 적어졌다는 것이다. 싱가포르 정상회담은 신뢰를 구축하는 가운데 북미관계를 새롭게 하자는 합의였다. 그러나 신뢰는 사실상 사라졌다. 신뢰가 사라진 이상 대화의 문턱은 더 높아졌다고 봐야 한다. 북미 대화의 가능성이 작아짐으로써 비핵화 협상의 가능성 역시 적어졌다.

중국과의 관계 복원

남북정상회담이나 북미정상회담만큼 스포트라이트를 받지는 못했지만 핵무력 완성 이후 북한은 북중관계 개선에 많은 노력을 기울였다. 2018~2019년 2년 동안 3차례의 남북정상회담, 2차례의 북미정상회담, 한차례의 남북미 정상회동이 진행되었다면 북중정상회담은 총 5차례나 진행되었다.

전통적 혈맹관계였던 북한과 중국은 1992년 한중 수교 이후 점차 멀어지기 시작했다. 2000년에 김정일 위원장이 중국을 방문하고, 2001년에 장쩌민 주석이 북한을 방문하여 북중관계가 회복되는 듯 보였다. 그러나 2006년 유엔안보리 대북제재 결의안에 중국이 참가하게 되면서 다시 멀어졌고, 2012년 김정은 체제 등장 이후 정상회담이 단 한 차례도 진행되지 않았다. 전문가들 사이에서 전통적인 당 대 당 관계는 사라졌고 국가 대 국가 관계만 남은 것이 아니냐는 평가가 나올 정도였다.

핵무력 완성 이후 첫 번째 정상회담은 2018년 3월 말에 진행됐다. 판문점 남북정상회담이 합의되고 20여 일이 지난 후이며, 남북정상회담이

2018년 3월 중국 베이징에서 첫 정상회담을 갖기 위해 만난 김정은 위원장과 시진핑 중국 국가주석

2018년 5월 중국 다롄에서 다시 만난 김정은 국무위원장과 시진핑 중국 국가주석

열리기 한 달 전이다. 중국의 시진핑 주석의 초청으로 김정은 위원장이 방문하는 형식이었다. 2011년 후진타오 주석과 김정일 국방위원장의 정상회담 이후 8년 만에 재개되는 북중정상회담이었으며, 시진핑 주석에게도, 김정은 위원장에게도 첫 번째 북중정상회담이었다. 그 후 5월과 6월 양 정상은 다시 만나 "새 시대의 요구에 맞게 조중친선을 강화"하기로 합의한다.

북중정상회담은 북한과 중국 모두에게 긴요한 회담이었을 것이다. 중국의 입장에서는 격변하는 한반도 정세에 대해 자신의 개입력과 영향력을 확보할 수 있는 기회였다. 북한의 입장에서는 1990년대 이후 악화일로를 걸었던 중국과의 관계를 복원하고 경제건설에 필요한 중국과의 협력을 모색할 수 있는 기회였다.

북중 전략 공조 어디까지?

2019년 1월 7일 김정은 위원장은 다시 중국을 방문하여 네 번째 정상회담을 가졌다. 하노이 북미정상회담을 한 달 반 정도 앞두고 열린 이 회담에서 북중 정상은 "조선반도 정세관리와 비핵화 협상 과정을 공동으로 연구 조종해 나가는 문제"를 협의했다. 아마도 하노이 회담 이후 북한과 중국의 전략적 공조 방안을 논의한 것으로 보인다.

북중정상회담의 대미는 2019년 6월 20일 시진핑 주석의 북한 방문이었다. 하노이 회담이 결렬되었음에도 시진핑 주석이 북한을 방문하였다는 것을 미뤄보아 2019년 1월 네 번째의 북중정상회담이 단지 하노이 회담의 성공을 전제로 하여 진행된 것이 아니었음을 확인할 수 있다. 또한 네 번째 회담에서 논의한 '공동 연구조종 문제'에서 상당한 합의가 있었음을 시사한다.

북한은 시진핑 주석의 북한 방문을 "사회주의 한길에서 영원할 조중친선"이라고 평가하였다. 시진핑 주석은 북한 방문하기 하루 전날인 6월 19일 로동신문에 기고문을 보내 북중 친선을 다짐하기도 했다. 여기서 시 주석은 "중국 측은 조선 동지들과 함께 손잡고 노력하여 지역의 항구적인 안정을 실현하기 위한 원대한 계획을 함께 작성할 용의"를 피력했다. '공동 연구조종 문제'를 연상케 하는 대목이다.

북한과 중국이 '조선반도 정세관리와 비핵화협상과정을 공동으로 연구 조종하는 문제'를 어느 정도까지 협의하고 있는지 밝혀진 바는 전혀 없지만 과거의 전통적 북중관계가 복원된 것만은 확실해 보인다.

2020년 이후 코로나 사태가 확산되면서 중국도, 북한도 국경선을 봉

2019년 6월 20일 북한은 중국 시진핑 국가주석의 평양 방문을 대대적으로 환영했다.

2018년   첫 북미정상회담

쇄하여 다섯 차례에 걸친 북중정상회담 이후 북중관계가 실제 얼마만큼 복원되었는지 가늠하기는 어렵다. 북한이 자력갱생을 강조하고 있는 상황에서 북한과 중국의 경제 협력이 어느 수준으로까지 발전할지 예단하는 것도 쉽지 않다.

최근 북한은 중국과 국경선을 맞대고 있는 함경북도 무산지역에 '수출가공구'를 설치하는 법령을 채택하는 등 북중 경제협력을 위한 법제도적 준비를 하고 있다. 북한이 여전히 코로나 바이러스 유입을 차단하기 위해 강도 높은 국경봉쇄를 유지하고 있어 당장 가시화되지는 않겠으나 2018년부터 복원된 북중관계가 어느 정도로까지 발전할지 지켜보는 것은 한반도 정세와 북한 경제건설의 측면에서도, 미중 전략 대결의 맥락에서도 중요한 대목이라고 할 수 있다.

하노이회담 불발 이후 정면돌파전으로

2018년부터 남북관계와 북미관계를 개선하기 위해 적극적으로 움직였던 북한은 2020년 정면돌파전을 선언함으로써 정책 변화를 예고했다. 2018년 '세기의 만남'을 추진한 것은 신뢰를 통한 한반도 문제 해결의 단초를 마련하고, 그걸 토대로 대북제재를 완화해 경제건설의 토대를 마련하겠다는 시도였다.

2020년의 정면돌파전 선언은 대북제재 완화에 연연하지 않겠다, 비핵화 협상을 통한 북미관계 개선을 추구하지 않겠다, 미국의 적대정책이 지속되는 동안 핵무력을 끊임없이 강화하겠다는 정책 선언이었다. 핵무력 강화는 대북제재를 부른다. 따라서 대북제재는 피할 수 없는 문제이다. 따라서 대북제재는 정면돌파 외에는 방법이 없다. 북한이 자신의 선택을 '정면돌파전'이라고 명명한 이유일 것이다.

북한은 2021년 8차 당대회에서 강 대 강, 선 대 선의 원칙을 결정했다. 이제 한미 양국의 군사적 적대행위에는 군사적으로 대응하겠다는 것이다. 또한 전 지구권 타격로케트, 다연발 초대형 방사포, 첨단전술핵무기 개발을 완료했음을 밝혔으며, 초대형 핵탄두를 생산하고, 핵잠수함과 수중발사핵미사일을 보유할 것을 결정했다. 따라서 정면돌파전은 한반도 정세의 불안정성을 고조시킬 것이다.

정면돌파전이 더욱 강한 대북제재를 불러올 것임을 북한은 잘 알고 있다. 북한은 현재의 북미 대결을 "자력갱생과 제재와의 대결"이라고 규정했다. 그래서 북한이 강조하는 것이 자력갱생이다. 연료, 자재, 기술, 인력의 국산화를 추진한다.

2019년에는 수입지표를 줄이고 수입병을 없애자는 주장까지 나왔다. 자력갱생은 대북제재가 통하지 않는 경제체제를 구축하는 것이다. 대북제재가 북한을 공격하는 무기로 작동하지 못하게 하는 것, 즉 적의 무기를 무용지물로 만들려는 것이 자력갱생이며 정면돌파전이라고 할 수 있다.

그렇다고 해서 대외경제활동 자체를 하지 않겠다는 것은 아니다. 다만 대외경제활동을 '자립경제 토대와 잠재력을 보완, 보강'하는 원칙에서 진행한다는 것이 8차 당대회에서 언급되었다.

세기의 만남은 실패했나

2018년 남북, 북미, 남북미를 오간 세기의 만남은 실패했나. 북한은 그렇게 평가하는 것 같지 않다. 2021년 5월 북한이 펴낸 대외정책 화보집 『대외관계 발전의 새시대를 펼치시여』에 '실패한 회담'인 하노이 회담도 수록되어 있다.

화보집은 하노이 회담에 대해 "자주와 정의, 평화수호를 위하여"라는 제목을 붙였다. 실패한 회담도 자주와 정의, 평화를 위한 여정의 일부분으로 간주하고 있는지도 모른다. 북한은 세기의 만남을 여전히 진행 중인 것으로 사고하고 있는지도 모를 일이다. 어쩌면 세기의 만남의 완전한 성공을 위한 다른 수단, 다른 방법을 선택했는지도 모른다.

2021년 5월 북한이 펴낸 대외정책 화보집 『대외관계 발전의 새시대를 펼치시여』에 수록된 김정은 위원장의 하노이 시내 이동 장면

2019년 6월 30일 판문점에서 3번째로 만난 김정은 국무위원장과 도널드 트럼프 미국 대통령

    북한이 선택한 다른 수단 즉 정면돌파전이 성공할지 여부는 그 누구도 알 수 없다. 그러나 몇 가지 확실한 것은 있다.

    첫째, 북한은 정면돌파전을 성공할 때까지 지속할 것이다. 국제사회에서 실패를 거듭했다고 알려졌던 핵무력건설이 어느 순간 완성되었던 것처럼 우리는 미래의 어느 순간 정면돌파전이 성공하는 장면을 목도할지도 모른다.

둘째, 비핵화 협상의 시대는 사실상 종료되었다. 어쩌면 2018년과 2019년의 세기의 만남은 비핵화 협상의 마지막 회담이었는지도 모른다. 북한은 그 기회를 미국과 남측이 걷어차 버렸다고 판단하고 있을 것이다. 정면돌파전 선언은 비핵화 협상엔 더 이상 나가지 않겠다는 북한의 의지이자 결심의 표현이라고 할 수 있다.

세기의 만남은 당분간 재개되지 못할 것이다. 그러나 세기의 만남이라는 이벤트가 완전히 종료되었다는 것 역시 성급한 결론이다. 한반도 문제가 전쟁을 통해 해결되지 않는 한, 혹은 전쟁을 통해서 해결되어서는 안 되기 때문에 세기의 만남은 언젠가는 재개될 것이며, 재개되어야 한다.

평양가방공장 노동자들이 '국산화', '자강력제일주의' 등의 구호판이 붙어 있는 공장에서 제품 생산을 하고 있다.

2019

08

2019년
과학기술에 기초한 경제발전
자강력제일주의

북한이 추진하고 있는 과학기술 중시 정책의 가장 중요하고 시급한 목표는 과학기술로 자강력을 키우고 자립적으로 경제를 발전시키는 것이다. 이를 위해 북한은 다양한 수준의 과학기술을 최대한 활용하고자 한다. 예컨대 농업 생산성 향상을 위해 첨단 나노기술과 생명공학을 이용한 살균제나 성장촉진제를 개발할 뿐 아니라, 유기농 비료나 우렁이 농법도 적극적으로 쓰고 있다.

북한이 최첨단 돌파를 강조하는 것은 세계적인 과학기술 발전 추세를 반영하고 세계 최고 수준을 지향하며 연구개발 하라는 의미다. 이와 함께 북한은 과학기술을 이용하여 생산력 향상만이 아니라 경영, 거래의 효율성 제고도 꾀하고 있다. 이 장에서는 구체적인 사례들을 통해 북한이 시도하고 있는 과학기술에 기초한 경제발전의 내용을 살펴본다.

온라인 기술무역 플랫폼 '자강력'

2019년 10월, "기술무역봉사체계"라고 불리는 '자강력' 사이트가 문을 열었다. 자강력은 기술을 개발하는 연구소, 기업들과 기술 수요자(기관, 기업체, 주민 등)가 국가컴퓨터망을 이용해 기술제품을 사고 팔 수 있고, 신기술 개발에서 협력할 수도 있는 전자업무 시스템이다. 북한의 과학기술 행정 전반을 총괄하는 국가과학기술위원회 산하의 모란봉기술협력교류사가 개발, 운영하고 있다.

북한의 온라인 기술무역봉사체계 '자강력' 사이트 첫 화면

'자강력' 사이트에 소개된 제품운송봉사

외부에서 자강력에 접속할 수 없어 직접 확인은 불가능하지만, 북한 보도에 따르면 기술제품전시장·성과자료전시장·입찰전시장·학습실·제품운송봉사·기술제품심의장 등의 메뉴가 있다. 기술제품전시장에서는 업로드된 기술제품의 정보를 확인하거나 구매할 수 있다.

성과자료전시장은 개발자(연구소, 기업)들이 연구개발 성과자료를 올려서 수요자를 찾을 수 있는 메뉴이다. 반대로 입찰전시장에서는 기업체가 자기들에게 필요한 기술 스펙을 올리고 입찰을 해서 개발자와 계약할 수 있다. 학습실은 최신 기술 동향을 알 수 있도록 국내외 기술전시회 제품 사진이나 각종 기술 자료를 올려놓았고, 과학자·기술자들과 직접 상담할 수도 있다고 한다.

제품운송 봉사는 택배 계약을 하는 메뉴이다. 자신들의 보유 차량을 자강력에 등록해놓은 기관, 기업과 자강력에서 제품을 산 주문자들이 거리, 무게, 부피 등을 따져가며 운송 계약을 한다. 기술제품심의장은 등록 제품의 질과 경제성 등을 국가과학기술위원회가 평가하고 결과를 공개해놓는 메뉴라고 한다.

'자강력'을 통해 더 빨리, 더 높이

북한은 기관, 기업들이 자강력을 통해 기술개발과 경영에 필요한 인력과 자원을 최대한 동원하고 효율적으로 이용해서 시간, 개발비, 노동력을 줄이면서도 신제품 개발, 생산, 유통을 더욱 빠르게 할 수 있을 것이라고 기대한다. 그리고 기관과 기업들이 자강력에 업로드된 최신 기술들을 보고 자극받아 신기술 개발과 과학기술 인재 양성을 더욱 적극적으로 시도하기를 바라고 있다.

또 북한은 자강력에서 개발 프로젝트에 대한 개인의 투자를 허용하는 등 가입자의 참여 기회를 열어놓음으로써 기술개발에 대한 사회적 관심

조선무역은행이 발행한 전자카드 '나래'와 조선중앙은행이 발행한 '전성'

과 투자를 높이려 한다. 그리고 자강력에서 거래는 모두 신용거래로 이뤄지기 때문에, 자강력이 활성화되면 자연스럽게 은행들을 통한 자금 유통도 확대될 것이라고 기대한다. 이뿐 아니라 국내 기술제품의 품질과 경쟁력을 자강력에서 검증함으로써 수출 경쟁력이 높은 제품들을 가려낼 수 있다고 본다.

자강력제일주의

자강력제일주의라는 말이 본격적으로 사용되기 시작한 것은 2016년부터이다. '우리국가제일주의'와 함께 김정은 시대를 상징하는 시대어가 된 자강력제일주의는 "수입병이라는 말 자체를 없애야 한다"는 김정은 위원장의 발언으로 설명될 수 있다. 2015년 11월 북한 자체 기술로 개발한 지하 전동차의 시운전 행사에서 나온 이 발언은 자체의 힘과 기술, 자원으로 경제를 발전시켜야 한다는 사고에서 나온 표현이다.

정면돌파전을 채택한 2019년 이후부터 자강력제일주의는 한층 더 강조되는 분위기다. 국제사회의 대북제재와 압박을 극복하는 수단임과 동시에 사상적 가치인 것이다. 자강력제일주의는 과학기술이 전제되어야 실현된다. 과학기술과 자강력제일주의라는 두 개의 축으로 발전을 모색하고 있다고 할 수 있다.

북한의 포털사이트인 '내나라'에 접속해 자료 검색하는 모습

　북한은 8차 당대회 이후에도 자강력 활용을 강조하고 있다. 당대회에서 결정한 목표들을 달성하려면 생산현장, 연구소, 대학들이 더욱 적극적으로 연구개발 성과를 공유하고 협력연구를 활성화해야 하는데, 이런 활동들을 자강력을 통해서 진행하라는 것이다. 2021년 3월 기준 자강력에 수백 개의 단위가 가입했고, 발명이나 특허로 등록된 선진기술들이 이 사이트를 통해서 확산되고 있다고 한다.

　이처럼 북한의 과학기술에 기초한 경제발전 시도는 생산활동에만 국한되지 않는다. 정보통신기술을 이용해서 각종 상거래, 정보 공유, 산학연 협력을 활성화하고 효율성을 높이려는 시도도 계속해왔다. 예를 들어 조선중앙은행은 '전성'이라는 이름의 전자카드를 이용한 전자결제 시스템을 2015년에 도입했다.

국내에도 여러 번 보도된 대로 '내나라', '만물상', '옥류'와 같은 전자상거래 홈페이지들도 등장했다. 평양제1백화점 등은 우리의 편의점이나 대형마트처럼 바코드나 QR코드를 인식해서 계산하고 판매 관련 각종 정보를 실시간으로 저장하는 POS(판매시점 정보관리 시스템)를 쓰고 있다.

"핵시험보다 위대한 승리" 주체철

2018년 8월 28일 함경북도 청진에 있는 북한 최대의 철강공장인 김책제철련합기업소(김철)에서 "만세" 소리가 울려 퍼졌다. 선철-강철-압연강재를 100% 국내 원료와 연료만으로 생산하는 데 성공한 순간이었다. 당시 북한의 매체들은 "철강재 생산의 주체화가 완벽하게 실현되었다"고 보도했다. 이보다 약 3년 전인 2015년 11월 27일에는 황해북도 송림시의 황해제철련합기업소(황철)가 국내산 무연탄만을 이용하여 철광석을 녹이고 선철을 생산하기 시작했다.

김철과 황철이 성공한 기술이 바로 '주체철'이다. 주체철은 산업의 핵심 소재인 철강재를 북한의 자체 원료와 연료만을 이용하여 생산하는 기술이다. 북한은 철광석을 녹여서 선철(무쇠)을 만드는 제선, 선철에서 불순물을 제거하고 강철을 만드는 제강, 강철을 여러 개의 롤러를 통과시켜 다양한 강재를 만드는 압연 등 철강재 생산공정에서 국내산 석탄과 철광석의 비중을 높이고, 궁극적으로는 그것만을 이용해서 철강재를 생산하려는 것이다.

북한의 주요 백화점과 대형마트에는 POS(판매시점 정보관리 시스템)이 도입되어 있다. 사진은 평양시 광복거리에 있는 '광복거리상업중심' 계산대의 모습

　주체철은 북한이 지향하는 자립노선, 자립경제의 상징과도 같다. 북한은 1950년대 중반부터 주체철 연구개발을 본격적으로 시작했는데, 그 직후인 1956년 여름 주체철의 필요성을 더욱 절감하게 되었다. 당시 북한과 갈등을 벌이고 있던 소련이 원래 원조하기로 약속했던 철강재 양을 일방적으로 80% 삭감한 것이다.

　1956년 북한은 전후복구 사업을 진행하면서 1957년에 시작할 5개년 계획을 준비하고 있었는데, 소련이 북한에게 경공업과 농업 위주의 경제정책을 선택하라고 요구했다. 그러나 북한이 중공업을 우선적으로 발전시키면서 경공업과 농업을 동시에 발전시키는 정책을 펴겠다고 주장하면서 양국이 대립했다. 여기에 당시 소련의 흐루쇼프가 전임자인 스탈린 격하운동을 벌이면서 김일성의 권력 독점도 비판함에 따라 정치적 갈등이 더해졌다.

　소련과 갈등을 경험한 북한은 자립노선과 '주체철' 개발을 사활적인 과제로 삼게 되었다. 4대 철강공장 중 하나인 성진제강련합기업소(함경북도 김책시)가 2009년 국내산 연료와 원료만을 이용한 강철 생산에 성공했을 때 김정일 국방위원장이 "3차 핵시험 성공보다 더 위대한 승리"라고 평가했을 정도였다.

북한에서 나는 원료와 연료만으로 철강재를 생산하기가 쉽지 않은데, 특히 연료 문제가 만만치 않다. 철강 생산의 첫 단계인 제선, 즉 자연상태의 철광석을 녹여서 쇳물(선철, 무쇠)을 뽑아내려면 연료가 필요하다. 높은 온도를 낼 수 있고 열량도 커서 세계적으로 가장 널리 쓰이는 코크스가 대표적이다. 코크스는 자연상태에도 존재하지만, 대개는 석탄의 일종인 역청탄을 구워서 만든다. 그러나 북한에는 역청탄이 전혀 매장되어 있지 않기 때문에 코크스 제철법을 유지하는 한 북한은 코크스를 전량 수입할 수 밖에 없다.

북한은 자국 내에 풍부한 무연탄이나 갈탄으로 코크스를 대체하려 했다. 문제는 무연탄이나 갈탄이 코크스만큼 높은 온도를 내지 못하고, 잘 부서져 오래 태울 수도 없어 제철 연료로 부적합하다는 점이다. 때문에 북한은 1950년대 중반 주체철 개발을 시작했을 때부터 연료의 국산화를 핵심 과제로 상정했다. 하지만 수십 년에 걸친 다양한 시도에도 코크스 소비를 일부 줄이는 데 그쳤다.

그러다가 북한은 극심한 경제난에서 조금씩 벗어나기 시작한 1990년대 말부터 산소열법용광로, 고온공기연소기술, 초고전력전기로 같은 기술을 주요 철강공장에 도입하면서 주체철 기술 발전의 가능성을 확인했다. 앞서 언급한 성진제강련합기업소가 대표적인 사례이다. 김정은 위원장 집권 이후에도 산소열법을 핵심으로 한 주체철 연구개발을 활발히 진

김책제철소가 새로 도입한 '고온공기연소식 가열로' 생산공정 모습

산소열법은 용광로에 산소농도가 높은 공기를 불어 넣어 무연탄이나 갈탄으로도 코크스와 같은 높은 열량을 내게 하는 방법이다.

고온공기연소기술은 축열체를 이용해서 소각로나 발전소에서 나오는 폐열을 축적한 뒤 이를 이용해 연료가스나 연소용 공기를 가열함으로써 연료 소비를 줄이면서도 용광로 온도를 높이는 기술이다.

초고전력전기로는 일반전력전기로보다 제강시간을 훨씬 짧게 함으로써 전력소비는 절반에 불과하지만 생산성은 수 배 높다고 한다.

행해서 많은 성과를 도출했다. 그 결과가 황철과 김철의 "100%" 주체철 생산공정 건설로 나타났다. 수십 년 동안 매달려온 과제를 해결하는 데서 큰 진전을 가져온 것이고, 그만큼 높은 평가를 받았다.

두 곳의 주체철 공정 확립과 세부 공정, 기술 5개 등 총 7개의 주체철 관련 연구개발 성과가 북한 과학기술 분야 최고 권위의 상인 '2.16 과학기술상'을 받았다. 여기에 기여한 과학자, 기술자 중 3명이 '국가 최우수 과학자, 기술자'로 선정되었다.

북한판 스마트팩토리, 스마트팜

2018년 6월 26일 조선노동당 중앙위원회 부위원장 오수용, 강원도당위원장 박정남, 국가과학원 원장 장철 등이 참석한 가운데 강원도양묘장 준공식이 열렸다. 수십 정보 규모의 강원도양묘장은 종자선별, 파종, 나무모 분리, 용기 세척 등 많은 설비와 공정이 자동화, 흐름선화되어 연간 2천만 그루의 묘목을 생산할 수 있다.

특히 종합조종실의 컴퓨터를 이용해 각 온실의 온도·습도·조도·탄산가스 농도·통풍량·관수량 등이 나무 종류별로 가장 이상적인 상태를 유지하도록 자동으로 조종한다고 한다. 종합조종실에서는 자재보장, 생산계획을 포함한 양묘장의 모든 경영활동 및 생산관리와 관련한 정보들도 컴퓨터를 이용해 파악하고, 여러 문제들에 대한 시뮬레이션과 대책 수립도 가능하다고 한다.

생산공정의 자동화와 컴퓨터를 이용한 원격조종, 컴퓨터를 이용한 경영정보 파악·문제 감지·대책 도출 등 강원도양묘장의 모습은 우리가 흔히 얘기하는 스마트팩토리·스마트팜과 비슷하다. 북한에서는 이를 통합생산체계라고 부른다. 통합생산체계는 북한이 지향하는 '과학기술을 이용한 생산성과 경영효율 제고, 노동조건 개선'이 구체적으로 어떤 모습

인지를 보여주는 대표적인 사례이다.

  통합생산체계 구축은 김정일 위원장 사망 직전인 2011년 가을 주요 과제로 부각되었다. 그리고 김정은 위원장 집권 이후, 특히 2014년 8월 천지윤활유공장에 대한 김정은 위원장의 현지지도 이후 본격적으로 추진되었다.

강원도양묘장 전경

　북한 보도를 보면 2017년까지는 주로 평양 소재 생산현장, 그리고 지방에 있더라도 중앙 내각이 직접 관할하는 공장·농장들을 중심으로 통합생산체계를 도입하였다. 이 과정에서 시간이 갈수록 관련 기술들을 계속 개선하고 노하우도 축적하여 통합생산체계의 수준을 높였다고 한다.

통합생산체계 구축 : 변화하는 생산현장들

　　2014년 천지윤활유공장은 통합생산체계를 구축하여 그 이전에 10여 명이 하던 일을 서너 명만으로 충분히 할 수 있게 되었고, 로봇을 도입해 상표 도장 작업을 자동화함으로써 노동자들이 독한 페인트 냄새에서 벗어나게 되었다.

　　평양메기공장도 2014년 말부터 10개월 동안 현대화를 진행했다. 사료생산설비·물순환설비 등을 자동화했고, 수조마다 운동감지센서를 설치해 메기의 생육상태를 파악할 수 있게 했다. 고정식·이동식 자동먹이 뿌리기, 메기 수확기 등도 설치했다. 그리고 이것들을 모두 컴퓨터망으로 연결하여 통합생산체계를 구축했다. 그 결과 공장부지와 노동력을 늘리지 않고도 메기 생산량을 두 배로 높였다.

　　삼천메기공장은 평양메기공장을 본보기로 삼아 2015년 12월부터 현대화를 진행하고 통합생산체계를 도입했다. 이 공장의 통합생산체계는 지능화(스마트화)·정보화·수자화(디지털화)를 완벽하게 실현해서 수조 수온·pH·산소량을 실시간 측정, 조정하고 메기 생육상태에 따라 물 공급과 먹이량을 자동조절할 수 있다. 또 공장 운영과 관련한 데이터들을 실시간으로 파악하면서 생산과 경영상의 여러 문제들에 대한 시뮬레이션도 가능하다. 북한 보도에 따르면 연 1천 톤을 생산하던 이 공장은 통합생산체계 구축 이후 생산량이 3천 톤까지 늘었다고 한다. 2017년 2월 김정은 위원장이 이곳을 방문하여 "세계적 수준", "지금까지 본 통합생산체계들 중에서 한 계단 더 발전했다"고 극찬했다.

통합생산체계를 도입한 평양류원신발공장과 양강도 삼지연시 들쭉음료공장의 모습

    2017년까지의 성과를 바탕으로 2018년부터는 지역 공장, 농장들의 통합생산체계 구축이 본격적으로 추진되기 시작했다. 김정은 위원장은 2018년 여름 북한 매체들이 "삼복철 강행군"이라고 이름 붙인, 전국 각

지 생산현장 20여 곳에 대한 집중적인 현지지도를 통해 생산공정의 자동화·무인화와 통합생산체계 구축을 독려했다. 실제로도 강원도의 송도원종합식료공장·매봉산샘물공장, 평안북도 창성식료공장·선천군식료공장, 양강도 삼지연들쭉음료공장 등 여러 생산현장에 통합생산체계가 도입되었다. 북한은 최근 이곳들을 본보기로 삼아 시, 군 공장들을 현대화하라고 강조하고 있다.

태양광 전기로 만드는 신발과 화장품

2017년 10월 중순 김정은 위원장은 2015년 1월 자신이 직접 현대화를 지시한 류원신발공장을 방문했다. 김 위원장은 이 공장이 통합생산체계를 훌륭하게 만들어 놓아 생산과 품질을 최고 수준으로 보

평양 류원신발공장 건물 옥상에 설치된 태양광발전시스템

장하게 했다며 신발공업 부문의 표준, 만점짜리 공장이라고 극찬했다.

그런데 이 공장의 통합생산체계 앞에는 '에너지 절약형'이라는 수식어가 붙는다. 건물 옥상에 400kW 용량의 태양광발전 시스템을 설치해서 신발 생산, 식당운영, 조명, 공장탁아소 난방 등 공장에 필요한 모든 전력을 자체적으로 해결한다. 그리고 이 역시 통합생산체계로 연결되어 실시간 원격감시와 조종이 가능하다.

이로부터 열흘 뒤 김 위원장이 현지지도한 평양화장품공장도 현대화를 통해 통합생산체계와 친환경에너지 시스템을 도입했다. 이곳은 공장 지붕에 백 수십 개의 태양광 패널을 설치해서 건물 조명에 필요한 전기를 자체적으로 충당하고, 9대의 태양열 물 가열기로 공장 연구소와 탁아소에 필요한 온수를 공급한다. 또 건물 지하에 냉각수 탱크를 놓아서 화장품 생산에 이용하는 냉각수를 재순환하여 환경오염을 방지하고 전기를 절약한다. 이 공장 역시 화장품공장의 전형단위, 표준이라는 평가를 받았다.

친환경에너지 개발

김정은 시대 북한이 친환경에너지 개발에 적극적이라는 사실은 상대적으로 일찍부터 알려졌다. 태양광 패널과 풍력발전용 프로펠러가 달린 평양의 가로등, 살림집 창문마다 설치된 태양광 패널들을 보면서 북한이 전력난을 조금이나마 해소하기 위해 생활에너지를 친환경에너지로 해결하려 한다는 생각은 쉽게 떠올릴 수 있다.

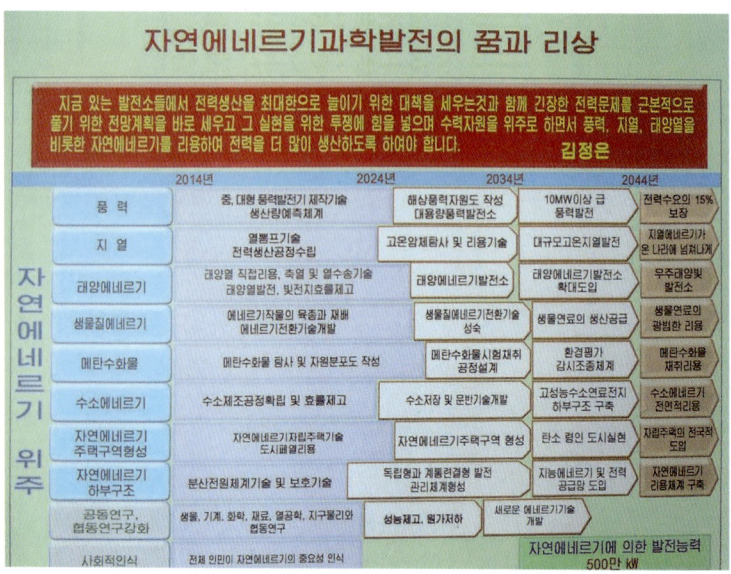

국가과학원 '자연에네르기연구소' 전시실에 게시돼 있는 재생에너지 과학발전계획도

그런데 북한의 친환경에너지 개발 목표는 개별 살림집이나 건물에 태양광 패널을 달겠다는 수준을 넘어선다. 북한이 2014년 수립했다고 알려진 30년 계획에 따르면 2044년까지 친환경에너지 발전능력 5GW(기가와트. kW킬로와트의 1백만 배로 5GW는 국내 원전 5기 수준) 확보를 목표로 하고 있다. 김정은 위원장의 류원신발공장, 평양화장품공장 현지지도 이후에는 '절약형 생산체계'도 부쩍 강조해오고 있다.

친환경에너지 설비를 이미 대규모로 개발, 도입한 사례들도 적지 않다. 70층짜리 주상복합 아파트를 포함한 고층건물이 즐비해 '평양의 맨해튼'이라고 불리는 려명거리가 대표적이다. 이곳은 2018년 9월 남북 정

평양 려명거리 초입에 건설된 록색건축기술교류사 건물의 외부와 내부 모습

상의 카퍼레이드 코스이기도 했다.

　북한은 려명거리를 '에너지 절약형, 녹색형 거리'로 만들겠다고 하면서 공사 당시(2016-17년) 자신들이 보유하고 있던 친환경기술을 집약했다. 그래서 려명거리의 건물들에는 태양광발전 패널, 태양열 가열기는 물론이고 자연채광을 이용한 실내 난방 기술, 지열을 이용한 냉난방 전력 소비 절감 설비, 태양광 유도 조명, 빛 선반을 이용한 냉방 부하 감소 기술, 빗물 회수 이용 체계, 컴퓨터 자동조절 수경재배 기술 등이 들어가 있다.

　이뿐 아니라 2018년 가을 신의주시 건설 총계획을 수립할 때 친환경

평양도시설계연구소　강정훈↑
로영민↓

조선건축가동맹 평양시위원회 기관지 「평양설계」(2016년 4호)에 소개된 '평양시5.21건축축전' 출품 녹색건축형성안들

에너지를 최대한 이용해서 도시전력 공급망을 완비하기로 결정했다. 실제로도 수십 대의 풍력발전기와 수천 개의 태양광 패널을 가진 자연에너지발전소를 건설하였다.

최근에는 그동안 도입했던 독립형 태양광발전 시스템을 계통 병렬형으로 전환하고 있다. 태양광발전 방식 중 독립형은 기존 전력망과 연결되지 않고 자체의 축전지에 전력을 저장했다가 사용한다. 연계형이라고도 불리는 계통 병렬형은 독립형과 달리 기존 전력망과 연결되어 전력을 주고받을 수 있기 때문에 축전지가 필요 없다.

예를 들어 평양시는 릉라인민유원지구에 100여 개 단위를 포괄하는 대규모 계통 병렬형 태양광발전소를 만들어서 발전능력을 2배 이상 높이는 등 계통 병렬형을 대거 도입하고 있다. 그 결과 매달 7만여 kWh(킬로와트시)의 전력을 국가 전력망에 공급한다고 한다.

2021년 1월 8차 당대회는 "중장기적 전략 속에서 조수력발전(조력발전) 건설에 국가적 힘을 집중"한다고 결정했다. 김일성종합대학의 조사 결과에 따르면 서해안에 조수력발전에 적합한 지역이 10여 곳 있다. 이곳들의 예상 발전용량을 더하면 세계 최대 조력발전소인 시화호조력발전소 용량의 18배 정도라고 한다.

'북한이 과연 성공할까'보다 중요한 것

김정은 집권 이후 북한의 과학기술계와 생산현장에서는 위 사례들을 포함해서 크고 작은 성과들이 나왔다. 북한은 경제의 자립성을 강화하기 위해, 전력 문제를 해결하기 위해, 인민들의 생활 수준을 높이기 위해 과학기술 연구개발을 계속하고 있고 꾸준히 진전을 거두었다.

과학기술에 기초해서 제재를 극복하고 안정적으로 경제를 발전시키는 건 매우 어렵고 힘든 목표이다. 수십 년 동안 자립경제 건설을 시도했지만 고난의 행군까지 겪어봤던 북한은 그 어려움을 누구보다 잘 알고 있다. 그렇지만 그들이 이 목표 달성에 성공할까 실패할까를 가늠한다는 것은 지금 중요하지도 가능하지도 않다.

분명한 건 우리가 실패 딱지를 붙이거나 말거나 북한은 앞으로도 과학기술 중시 정책을 유지, 강화할 것이라는 사실이다. 그 길이 자력갱생을 위한 유일한 길이라고 굳게 믿고 있기 때문이다. 그래서 2021년 1월 열린 8차 당대회에서 '수 년 동안 많은 과학기술 성과들이 있었지만 경제를 실질적으로 발전시키기에는 역부족'이었다고 평가하면서도, '과학기술이 새로운 5개년 계획을 달성하기 위한 최선의 방법이자 핵심 과제'임을 재확인했다.

북한이 '정면돌파전'의 상징처럼 내세우는 양강도 삼지연시 모습

2020

2020년
'가장 엄혹한 환경' 속 대응전략
정면돌파전

    2019년 2월 말 하노이 북미정상회담의 결렬은 핵무력 완성 이후 2018년에 던진 김정은 위원장의 승부수가 허사가 되었음을 의미한다. 이후 북한은 대북제재 완화를 위해 미국의 요구에 맞춰주는 대신 과학기술에 기초한 자력갱생 기조를 강화했다. 막연히 '할 수 있다'고 강조한 것이 아니라, '지금 이대로는 안 된다'는 절박함을 가지고 과학기술 역량을 냉정하게 평가하고 비판하면서 개선 방안을 찾아 나갔다.

    김정은 위원장도 2019년 10월과 12월 주요 간부들과 함께 백마를 타고 백두산을 등정하여 결연함을 보이고 각오를 다졌다. 그리고 12월 말,

새로운 길로 정면돌파전을 선언한 제7기 제5차 당 중앙위원회 전원회의(2019. 12. 28~12. 31)

자력으로 제재를 정면돌파하기로 결정했다.

하지만 정면돌파전을 결정한 직후 코로나19가 전 세계를 강타했다. 북한의 표현을 빌리자면 '전쟁과 맞먹는 가장 엄혹한 환경'이었다. 이 장에서는 2019~2020년 북한이 이 같은 어려움 속에서 어떤 생각과 노력을 했는지 살펴본다.

2019년 4월 시정연설, 정면돌파전의 예고편

'하노이 노딜' 약 40일 뒤인 2019년 4월 12일, 김정은 위원장은 최고인민회의에서 시정연설을 했다. 최고 지도자의 시정연설은 1990년 김일성 주석 이후 29년 만이었다.

김 위원장은 북미정상회담이 결렬된 상황에서 앞으로 대내외 정책을 어떻게 가져갈 것인지에 대해 밝혔다. 미국을 향해 북미정상회담을 한

번은 더 해볼 용의가 있지만, 미국이 하노이에서처럼 자신들의 요구만을 내세우는 것이 아니라 서로가 이익을 볼 수 있는 새로운 안을 가져올 때만 가능하다고 했다. 그 시한을 2019년 말까지로 못 박았다.

이와 함께 자신들의 중심과업이 2018년 4월에 결정한 '경제건설에 총력집중'임을 재확인했다. 특히 미국과 앞으로도 길게 대치할 것이고 제재도 계속될 것이라면서, 자력으로 제재를 극복할 것이라고 천명했다.

제재 문제와 관련해서 당시 김 위원장은 "제재 해제 문제 따위에는 이제 더는 집착하지 않을 것"이라고 밝혔다. "더는 집착하지 않을 것"이라는 말은 거꾸로 그간 제재 해제에 집착했음을 의미한다. 그만큼 2016년 하반기 이후 강화된 대북제재가 북한에게 상당한 고통을 안겼고 경제발전의 큰 걸림돌로 작용하고 있었음을 알 수 있다. 북한이 2018년부터 적극적으로 대화에 나서고 풍계리 핵시험장 폐쇄 등 선제조치를 취한 것도 이 때문이었다.

하지만 북한은 2019년 2월 하노이 노딜을 통해 미국과의 협상으로 제재를 완화, 해제하는 것이 불가능함을 확인했다. 자력으로 제재를 극복하겠다는 결정은 바로 이와 같은 뼈아픈 경험 끝에 나온 결정이었고, 앞으로도 많은 고통과 난관이 뻔히 보이는 길이었지만 불가피한 선택이었다.

대북제재는 워낙 촘촘하고 포괄적이어서 마음만 먹으면 뭐든지 북한으로 들어가고 나오는 걸 막을 수 있다.

예를 들어 2018년 9월 평양 공동선언에 담긴 '전염성 질병에 대한 협력'의 일환으로 남측이 북측에 타미플루를 지원하기로 했다. 그러나 이는 결국 제재 때문에 무산되었다. 타미플루는 제재 대상이 아니었지만 그걸 싣고 갈 트럭이 제재 대상이라는 이유 때문이었다.

양묘장이나 협동농장에 비닐하우스를 만들 때 필요한 철제 파이프도 제재 대상이라 중국 세관에서 통과시켜 주지 않는다. 그래서 부랴부랴 철제 파이프를 나무로 바꾸려고 하니, 나무들을 연결하는 나사도 금속 재질이라서 제재 품목이고, 북한에 들어갈 수 없다. 이것도 안 되고 저것도 안 된다. 비타민C도 핵물질을 추출할 때 쓰이는 성분이라며 대북 반출을 금지할 정도이다.

시정연설에서 김 위원장은 인재와 과학기술이 자립경제 발전의 기본 동력이라고 다시금 강조했다. 인재를 발굴하고 적재적소에 기용해서 생산과 기술 발전을 이끌게 하고, 과학기술에 대한 투자를 계속 늘려서 경제 전반의 활성화에 기여할 수 있도록 해야 한다고 주장했다. 과학기술에 기초한 경제발전 기조를 재확인한 것이다.

정면돌파전 : 자력갱생과 제재의 대결

2019년 6월 판문점, 북미 정상의 깜짝 만남이 이뤄지면서 기대감이 일기도 했다. 그러나 연말까지 북미관계에는 별다른 변화가 없었다. 그해 마지막 나흘 동안 북한은 조선노동당 중앙위원회 전원회의를 열고 '정면돌파전'을 결정했다.

정면돌파전의 핵심 내용은 김 위원장의 시정연설과 다르지 않다.

2017년의 핵 무력 완성으로 미국이 더 이상 자신들을 상대로 전쟁을 벌이지 못하게 되어 이제는 북미 간의 대립이 '자력갱생'과 '제재'의 대결로 압축되었다고 규정했다. 그리고 이런 구도는 앞으로도 오랫동안 이어질 것이기 때문에, 나라의 모든 영역에서 자체적인 힘을 강화해서 제재를 비롯한 모든 어려움을 정면으로 돌파해야 한다고 주장했다.

나아가 경제가 정면돌파전의 '기본전선'이고, 경제 중에서도 농업이 '주타격전방'이라고 강조했다. 쉽게 말해 정면돌파전은 먹고 사는 문제를 자력으로 해결해서 제재를 무력화하겠다는 것이다.

북한은 정면돌파전 결정 이후 자력갱생을 더욱 강조하고 있다. 수입에 의존하던 물품을 최대한, 가능한 한 모두 국산화해서 '자급자족'해야 한다고 말하기도 한다. 또 제재 때문에 모든 자원이 부족해서 온갖 것들을 최대한 절약해야 하는 상황이기 때문에 '재자원화', 즉 그간 쉽게 버렸던 것들을 가능한 한 재활용하는 것이 핵심 과제로 부각했다.

북한은 "정면돌파전의 열쇠는 과학기술"이라는 말로 과학기술의 중요성을 다시금 강조했다. 자신들이 가진 무진장한 전략자산인 과학기술이 지금과 같이 경제에 어려움이 많을 때 등불이 되어 앞을 밝히고 발전을 이끌어가야 한다는 것이다. 경제뿐 아니라 첨단 ICT 기술을 이용한 현대 사상문화 투쟁, 군사력의 지속적 강화 등 정치군사 영역의 정면돌파전에서도 과학기술이 필수라고 주장했다. "정신은 자력갱생, 무기는 과학기술"이라는 것이다.

1950년대 천리마 대고조를 재현하자

김정은 위원장의 시정연설 이후 1950년대 후반이 자주 소환됐다. 과학기술에 기초한 자력갱생의 원형이 바로 그 시기에 만들어졌다고 보기 때문이다.

북한은 소련이 원조를 약속했던 철강재 양을 대폭 삭감했던 1956년 여름과 2019년이 비슷하다고 보았다. 김일성 주석이 더 많은 원조를 받기 위해 소련과 동구를 방문했지만 정반대의 결과에 직면한 당시 상황이, 최고지도자가 문제 해결을 위해 정상외교를 벌였으나 위기가 증폭되었다는 점에서 북미회담 결렬과 비슷하다고 본 것이다.

나아가 위기 극복도 그때처럼 하자고 주장했다. 당시 북한은 원조가 대폭 삭감된 조건에서 5개년 계획을 시작했지만 나라의 모든 역량을 총동원해서 오히려 목표를 2년 반 만에 달성했다. 이때 벌였던 증산운동이 바로 그 유명한 '천리마운동'이고, 이때를 '천리마 대고조'의 시기라고 부른다.

초등학교, 중학교 시절에 북의 천리마운동을 배운 세대라면 "새벽 별보기", "천 삽 뜨고 허리 펴기"와 같은 말을 들었을 것이다. 이는 천리마운동이 노동시간을 최대한도로 늘리고 노동강도를 극한으로 높인 것이었음을 상징하는 말들이다. 그리고 1950년대 후반 북한의 경제성장이라는 것도 이런 식으로 주민들을 쥐어짠 결과에 불과하다는 것이다.

하지만 천리마운동, 천리마 대고조는 그것만으로 만들어진 게 아니다. 여기에는 다양한 과학기술 연구개발 성과와 기술혁신 성과들이 크게 기

1950년대 천리마운동을 상징하는 선전화

여했다. 당시는 국가적 위기상황 극복과 경제발전에 나라의 모든 역량이 집중되던 시기였고, 과학기술도 예외는 아니었다. 실험실에 있던 과학자들은 주요 생산현장으로 나가 자신들의 연구개발과 기술지원을 병행했다. 그 결과 '주체섬유' 비날론으로 대표되는 많은 과학기술 성과들이 나왔다.

생산현장의 기술자와 노동자, 농민들도 과학자들의 도움을 받거나 또는 자체 역량을 발휘해서 크고 작은 혁신을 만들었다. 소련제 트랙터, 화물차, 굴착기, 불도저 등을 분해해서 부속들을 따라 만들고 그걸 조립해서 자체생산에 성공한 것도 이때였다.

김일성 주석은 당시의 경험을 통해 소련의 도움이 없어도 자체의 과학기술을 발전시키고 잘 활용하기만 하면 충분히 자력으로 경제를 발전시킬 수 있다고 확신했다. 1960년대부터 북한이 '주체'라는 말을 본격적으로 쓰기 시작한 배경에는 이와 같은 성공의 경험이 자리하고 있었다.

따라서 하노이 노딜 이후 북한이 1956년을 상기하는 것은, 제재의 장기화에 따른 위기도 천리마 대고조 시기처럼 과학기술을 포함한 나라의 모든 역량을 집중해서 넘어서야 하고 넘어설 수 있음을 강조하는 것이다.

정면돌파전 승리의 열쇠는 과학기술

정면돌파전은 과학기술이 중요하다고 강조하는데, 그간 당과 국가가 모든 것을 지원해주었지만 과학기술이 경제발전에 별로 기여하지 못했다는 비판도 동시에 가해졌다. 정면돌파전을 결정하기 서너 달 전에도 과학기술 수준이 별로 높아지지 않았다고 평가했다. 2021년 1월 8차 당대회에서도 지난 수년 동안 많은 과학기술 성과를 이루긴 했지만, 그것들이 실질적인 경제발전을 이끌지는 못했다고 비판했다.

8장에서 김정은 시대의 대표적인 연구개발 성과로 꼽았던 주체철만 해도 2019년부터 기술적 완성도가 낮다는 얘기들이 나오기 시작했다. 간단히 말해 생산량이 적고 품질은 낮은데, 게다가 에너지 소비가 많아 생산단가가 높다는 것이었다. 그래서 북한은 정면돌파전의 첫 해인 2020년 금속공업, 나아가 과학기술계의 첫째 과제로 주체철의 기술적 완성을 꼽았다. 구체적으로는 생산량을 늘리는 데 필요한 대형산소분리기 건설, 생산단가 절감을 위한 에너지 절약형 용광로 건설을 과제로 정했다.

주체철 개발에 수십 년 매달린 결과가 이렇다면 우리 사회에서는 바로 폐기되었을 프로젝트이다. 이런 기술을 계속 붙들고 있는 북한을 '비합리적'이라고 조롱할 사람도 적지 않을 것이다. 그러나 주체철 개발은 이름 그대로 '주체', '자립'이라는, 북한이 수십 년 동안 핵심 목표로 추구해 온 가치와 직결된 문제이다. 따라서 좁은 의미의 경제성만을 이유로 주체철을 포기할 수는 없는 것이다.

과학기술, '교육부터 다시 시작'

북한의 과학기술 수준을 속속들이 정확히 확인할 수는 없다. 하지만 지난 몇 년 사이 대표적인 성과로 평가받았던 주체철만 보아도 내외의 악조건을 극복하고 경제를 확실하게 성장시킬 만한 수준에 이르지 못한 것은 분명한 것 같다. 다른 누가 아니라 북한 스스로 여러 번 이런 평가를 내렸다. 과학기술에 기초한 자강력으로 제재를 극복하고 경제를 발전시키겠다는 정면돌파전에 성공하려면 이 문제를 해결해야만 한다. 이를 위해 북한은 중장기 대책과 단기 대책을 마련했다.

중장기적 대책은 한마디로 '교육부터 다시 시작'이다. 북한은 2019년 9월 전국 교원대회를 열고 "과학기술의 어머니는 교육"이라고 강조하면서 교육수준 향상에 기초해 과학기술 발전을 꾀하기로 했다. 특히 교육

평양 류경치과위생용품공장에서 자체적으로 건설한 남새(채소)온실농장(위)
첨단 과학기술 교육에 중점을 둔 김일성종합대학 물리학부 강의 모습(가운데)
북한이 "정면돌파전의 첫 승리"라고 평가하며 2020년 5월 준공한 순천린비료공장 전경(아래)

의 질은 교원의 수준에 좌우된다고 보고 교사와 교수들에 대한 재교육을 내실화하기로 했다.

이와 함께 고급중학교 우수 졸업생이 사범대나 교원대에 진학하도록 유도하고, 박사원이나 유학 출신을 권력기관 간부가 아니라 대학 교원으로 기용하는 등 우수 교원 확보 노력도 강화하기로 했다. 대학 첨단부문 학과·전공 확대, 학생들의 자기 주도성과 탐구·응용 능력을 높이는 교육으로 전환, 초중등학교 현대화, 대학 기숙사·실험실·체육관·도서관 신·개축 등도 교육 부문의 주요 목표로 잡았다.

단기적으로는 현재 있는 과학기술 역량을 우선순위가 높은 과제들에 집중해서 최대한 효율적으로 활용하기로 했다. 그래서 국가과학기술위원회는 정면돌파전 결정 이후 금속, 화학, 농업, 전력 등 당장 시급한 부문들을 중심으로 우선순위를 조정했다. 그리고 이를 철저히 집행할 수 있도록 연구개발 전반에 대한 관리와 통제를 강화하고 있다.

엎친 데 덮친 코로나 19

그러나 국가과학기술위원회가 중점과제를 다시 확정했다는 기사가 나오고 불과 나흘 뒤인 2020년 1월 28일 코로나 19에 대응하기 위한 국가비상방역체계가 선포됐다. 잘 알려진 대로 북한은 자체적으로 국경을 봉쇄하는 등 코로나 방역에 사활을 걸어왔다. 이로 인해 과학기술계에 대한 지도와 통제를 강화해야 했던 국가의 정책적 관심과 역량도 코로나 방역에 상당 부분 분산되었다.

조선노동당 기관지인 『로동신문』은 매일 지면의 1/6 정도를 코로나 관련 기사에 할애했다. 8차 당대회를 앞두고 2020년 10월부터 진행한 '80일 전투'의 첫째 과제도 코로나19에 대한 철저한 방역이었다. 코로나19는 이렇게 2020년 내내 북한을 괴롭혔다.

과학기술계도 방역을 최우선 과제로 삼고 연구개발 역량의 상당 부분을 방역에 투입했다. 바이러스나 질병 관리와 직접 관련이 있는 생물학·의학 부문은 물론이고, 전기공학·나노공학·물리학 부문도 방역장비·소독제·검사장비 등을 만들고 유지하는 데 주력할 수밖에 없었다.

대학과 연구기관들은 다른 기관, 기업들과 마찬가지로 상시적인 자체 방역에 많은 시간과 인력을 들여야 했다. 비상방역을 위해 대부분의 활동이 비대면으로 전환되다 보니 연간 20회 내외로 열리던 각종 과학기술

평양역 앞 전광판을 통해 코로나19 상황을 보도하고 있는 모습

전시회는 모두 취소되었다. 그나마 학술토론회와 발표회는 화상회의로 수십 차례 진행되었다.

이런 상황에서 과학기술 중점과제 실행이 원활히 될 리가 없었다. 무엇보다 첫째 과제였던 주체철의 기술적 완비를 위한 과제를 달성하지 못했다. 에너지 절약형 용광로 개발, 대형산소분리기 건설이 제대로 이뤄지지 않았고, 결국 2021년 초에 "주체철을 완비하지 못해 5년 동안 철강재 생산을 늘리지 못했고 경제발전에 지장을 줬다"는 평가가 나왔다. 화학공업 부문에서는 자립경제에 필수적인 새로운 촉매를 개발하고 국산화하고자 했으나 지지부진했다.

김정은 위원장이 직접 강조한 사업들도 제대로 되지 않았다. 예컨대 코로나 방역 국면에서 국가 보건의료를 강화하겠다는 목표 아래 야심차게 시작했던 평양종합병원이 완공되지 못했다. 병원 착공식에 직접 참석해서 병원 건설의 목적과 의의를 연설하고 당 창건 기념일(10월 10일)까지 다 짓겠다고 밝혔음에도 불구하고 말이다.

순천린비료공장은 '정면돌파전의 첫 승전포성'이라고 대대적으로 선전했고, 5월 1일 열린 준공식에서 김위원장이 직접 연설까지 한 곳이다. 당시는 남쪽에서 김정은 사망설이 한참 돌고 있던 때여서 그의 등장이 큰 화제가 되기도 했다. 하지만 이곳에서 인비료가 생산되고 있다는 기사는 가뭄에 콩 나듯이 했고, 이 공장의 생산 정상화가 여전히 화학공업 부문의 주요 과제로 거론되고 있다.

그래도 쌓은 성과들 : 교육과 연구개발

2020년은 제재와 코로나19, 거기에 8~9월의 자연재해까지 이른바 '삼중고'가 닥친 최악의 해였지만, 이 와중에도 할 수 있는 것들은 하나하나 추진했고 성과를 차곡차곡 쌓았다.

무엇보다 과학기술 교육 강화 조치들이 순조롭게 진행되었다. 주요 대학들에 인공지능·가상현실·로봇공학·나노재료 등 첨단부문 학과, 자연과학·공학·인문사회과학을 결합한 융합학과 등 세계적인 추세에 맞는 학과와 전공들을 계속 신설, 확대했다. 또 수준 높은 교원을 길러내기 위해 사범대, 교원대들의 강의 내용과 방법을 최신 과학기술로 계속 업데이트하고 교육환경 개선사업도 추진했다.

앞서 언급했던, 정보통신 부문의 기초기술인력을 양성하기 위해 전국 각지에 190여 개의 정보기술 부문 기술고급중학교를 설립한 것도 2020년이다.

원격교육의 수준을 높이기 위해 원격강의 제작에 가상현실과 CG를 적극적으로 도입하고 농촌이나 산간지역에서도 쉽고 원활하게 강의를 들을 수 있는 프로그램도 개발한 것도, 원격교육법을 제정한 것도 2020년이었다.

재자원화와 친환경에너지 개발 성과

연구개발에서 가장 활발하게 진행된 부문은 재자원화(자원 재활용)이다. 2019년 4월 시정연설에서 "제재로 인해 모든 자원이 부

재자원화 가능한 폐기물을 수매하는 장면

족한 상황에서 사활적 과제"라고 강조된 뒤부터 부쩍 활성화되었다. 국가과학원이 PET 폐기물에서 유기용매를 추출할 수 있는 기술과 촉매를 개발하고, 김일성종합대학이 생활 쓰레기를 분해해서 재활용 가능한 상태로 만드는 세균을 분리하는 등 대학과 연구기관들이 여러 성과를 냈다. 지역과 생산현장에서도 제사공장의 누에 삶은 물로 인비료를 만들거나, 탄광 폐기물로 전동기 수리에 필요한 자재를 만드는 등 다양한 재자원화 사례가 나왔다.

북한은 정면돌파전을 위해 중요한 과제인 재자원화 사업을 집요하고 꼼꼼하게 관리하고 있다. 예를 들어 다른 부문들에 비해 성과가 많이 나오고 있던 재자원화 연구개발에 대해서도 비판적인 평가를 했다. 대학이나 연구기관들이 국가적으로 중요하지만 어렵고 오랜 기간이 걸리는 기술개발을 꺼리고, 생산현장에서는 눈앞의 이익에만 급급해서 재자원화로 오히려 환경오염을 일으키는 경우들이 적지 않다는 것이다.

2020년 4월에는 재자원화법을 제정했는데, 북한은 그 직후부터 이 법에 근거해서 재자원화 사업을 엄격하게 관리하겠다고 공언했다. 실제로 2021년 9월 말 진행된 최고인민회의에서는 그간 진행된 재자원화 사업에 대한 검열 결과를 발표하고 대책을 세웠다.

친환경에너지 개발 및 이용도 활발하게 진행됐다. 앞서 언급했던 평양 시내의 릉라인민유원지구역이 대표적인데, 이 구역에 이미 독립형 태양광발전을 도입한 100여 곳을 묶어 대규모 '계통병렬형' 발전소를 만들어 발전능력을 두 배 확대했다고 한다. 태양광 외에도 벼겨 가스화, 메탄 가스화를 이용한 전력생산 시스템도 곳곳에 도입했다.

오랫동안 자신들을 괴롭혀온 자연재해에 대처하기 위한 여러 시스템도 개발했다. 예를 들어 우리의 기상청에 해당하는 기상수문국은 실시간 기상정보를 제공하는 휴대폰용 서비스를 개발, 보급했다. 보도에 따르면

이 서비스 덕에 2021년 여름 태풍 피해를 줄일 수 있었다고 한다.

북한은 수년 전부터 산불 및 홍수 감시, 각종 재해정보 수집 및 통보 등을 위한 다양한 프로그램과 시스템을 만들어 전국에 보급해왔다. 2020년에는 이것들을 통합해서 '국가 자연재해 통합관리체계'를 개발했다. 이로써 홍수, 태풍, 가뭄, 폭설과 같은 자연재해를 최대한 빨리 감지, 예보해서 사전대책을 수립할 수 있게 되었다고 하니, 앞으로 지켜볼 일이다.

삼중고 속 정면돌파전의 운명은

하노이 노딜, 삼중고(제재·코로나 19·자연재해) 등 2019~2020년 북한이 겪은 문제들과 과학기술의 부진은 넘어야 할 장애물이 정말 만만치 않음을 보여준다. 이에 대해 '거봐라. 실패할 거라 했잖아' 할 사람도, 'SLBM도 쏘아 올리는 과학기술 수준이 이것 밖에 안 돼?'라며 의아해할 사람도 있을 것이다. 김정은 시대 북한은 자신들의 부족점을 솔직하게 인정하면서, 동시에 자신들이 할 수 있는 최적의 것을 찾아 최선을 다하고 있다.

외부의 여러 '현자'들은 북한에게 '남북협력 활성화하고 북미관계 개선해서 선진기술과 자본을 받아들이라'고 한다. 하지만 이건 북한이 하고 싶다고 저절로 되는 것이 아니고, 북한의 입장에서는 2018년에 이미 시도했지만 실패한 방안이다. 이를 계속 요구하는 건 무조건 굴복하라는

2020년 10월 새로 준공한 평안북도 향산군의 묘향산의료기구공장에서 의료기구들을 자체적으로 생산하고 있다.

것인데 북한이 이걸 선택할 가능성은 없다.

북한은 앞으로 정치군사적으로는 물론이고 경제적으로도 자신들에게 유리한 대외환경을 만들기 위해 노력할 것이다. 하지만 정면돌파전을 결정하면서 표방했던, "과학기술에 기초한 자력갱생"이 이보다 우선이라는 점은 당분간 변하지 않을 것으로 보인다.

보론

식량 증산 위한 북한의 다양한 시도들
북한의 식량상황

2021년 북한이 UN에 제출한 자발적 국가검토 보고서(VNR)에 따르면, 북한의 알곡생산량 목표는 700만 톤이다. 이는 사람이 먹는 주식용에, 각종 기호식품 제조용, 나아가 짐승 먹이용까지 포함한 양이라 볼 수 있다.

사람이 주식으로 먹는 것으로만 한정하면 목표치의 반 정도만 있어도 충분하다. 한 사람이 하루 3끼 먹는다고 가정할 때 1년이면 대략 1,000끼를 먹는다. 라면 하나의 무게가 100g 정도이니 1인당 대략 100kg 정도가 필요하다. 북한 주민수가 2,500만 명 조금 넘으니 대략 250만 톤이면 전체 주민들의 주식용으로 적당한 양이라 할 수 있다.

냉면으로 유명한 옥류관에서 음식의 양을 100g, 200g, 300g으로 나누어 판매하는 것으로 보면, 한 끼에 200g이면 중간 정도 되는 셈이니, 전체 주민이 이 정도 양을 먹는다고 하면 500만 톤만 생산해도 주식용으로는 충분하다고 추측할 수 있다.

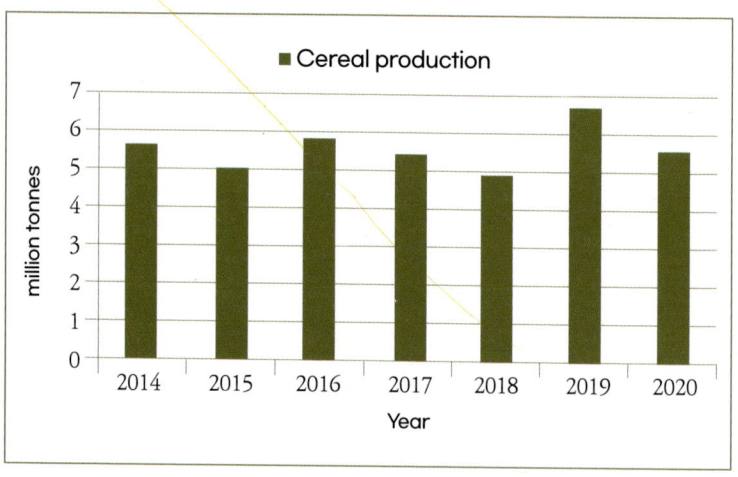

북한이 유엔에 제출한 지속가능발전 목표(SDGs)에 대한 자발적 국가보고서(VNR) 출처_VNR (2021)

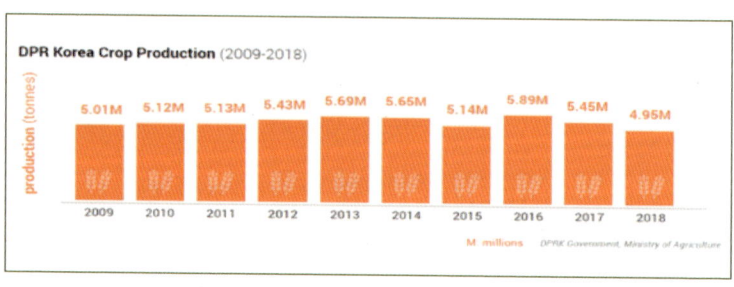

세계식량계획(WFP)가 2019년 공개한 데이터

VNR에서 북한이 직접 밝힌 최근 7년 사이의 곡물 생산량은 위 그래프와 같다. 최대 665만 톤(2019), 최저 495만 톤(2018)을 생산하였다. 2000년대 들어 최대 폭우가 쏟아져 농사를 심하게 망쳤다고 하는 2020년에는 552만 톤 수준을 생산하였는데 대략 평균 정도였다. 이 데이터는 2019년 즈음 세계식량계획 WFP가 공개했던 것과 거의 비슷하다. 식량 생산에 대해 북한은 꾸준히 정보를 공개해 온 듯하다.

북한은 2018년 최저 생산량을 기록한 이유로 자연재해와 "약한 회복력, 부족한 농사용 물질(Farming Materials) 그리고 낮은 기계화 수준"을 거론하였다. 이 중 농사의 기계화 수준이 낮은 것은 2016년 7차 당대회에서 극복할 과제 중 하나로 구체적인 수치까지 들어가면서 지적한 부분이었다.

아마도 이 부분은 거의 지키지 못한 듯하다. 2021년 8차 당대회에서 목표 달성 여부에 대해 언급이 없었다. 당시 김정은 위원장이 목표 달성에 실패했다고 직접 시인한 내용 중 하나였을 듯하다.

농사용 물질(영농 물자)은 아마도 화학비료와 병충해 방지를 위한 농약, 그리고 성장 촉진제와 같은 보조제 등이라 할 수 있다. 2020년 5월 김정은 위원장이 직접 참석하여 진행된 순천린비료공장이 아직까지 생산이 정상화되었다는 소식이 없는 것으로 보아 린비료 등이 여전히 부족한 상태라 할 수 있다. 회복력이 약하다는 것 또한 과도한 화학비료 사용으로 떨어진 지력 보완을 위해 필요한 유기비료 등이 부족했기 때문에 생긴 현상이라 할 수 있다.

이런 부족함이 있다고 하더라도 북한의 식량 생산량은 1990년대 아사자가 생겼던 당시보다는 훨씬 나아졌다. 그 사이 북한 정부는 식량 확보를 위해 필사적인 노력을 기울였다. 우선 농지 면적 자체를 늘리기 위해 간석지 사업을 대대적으로 벌였다. VNR에는 서해 간석지 사업으로 13만 헥타르(정보)를 확보했다고 한다.

정보당 10톤의 식량을 생산한다고 보면, 새로 만든 간석지에서 최대 130만 톤의 식량을 생산할 수 있게 된 셈이다. 물론 초기에는 염분 농도가 높아 이런 환경에 적합한 종자를 개발해야 의미 있는 소출을 기대할 수 있다.

농업용수 확보를 위한 '자연식 물길공사'

식량 생산은 물론 산림 원림화·수림화를 위해 반드시 필요한 것이 물 확보이다. 이를 위해 북한은 '자연식 물길' 공사를 1999년부터 단계적으로 진행해오고 있다. 전기를 쓰지 않고도 물 공급이 원활하게 이루어지도록 물길을 새롭게 만드는 대규모 토목 공사가 자연식 물길 공사이다. 이런 대규모 토목 사업은 한꺼번에 할 수 없어서, 2~3년을 단위로 지역별 공사가 진행되었다.

제일 처음 추진된 자연식 물길 공사는 1999년부터 시작해서 2002년 10월에 완공한 평안남도 지역의 '개성-태성호' 사이의 160km 구간 공사였다. 약 990㎢의 면적에 물을 공급할 수 있게 되었다고 한다.

두 번째는 평안북도 백마 저수지에서 철산 사이의 290㎞ 구간이었다.

2021년 1월 조선노동당 8차대회 이후 농업 중시가 더욱 뚜렷한 가운데 모내기가 진행되고 있다.

  2002년부터 시작된 공사는 2005년에 완공되었지만 정상 통수는 2008년에서야 가능했다. 그만큼 어렵고 큰 공사였던 것 같다.

  2006년부터는 황해북도 곡산, 신계, 수안 3개 군에 걸친 420㎢의 미루벌에 220km에 이르는 자연식 물길을 만드는 공사가 진행되었다. 역시 약 3년이 걸려 2009년 말에 완공하였다고 한다. 이때까지 공사로 인해 총 670여개소의 양수장과 1,000여대의 양수기, 전동기가 없어졌고 대략 12만여 KW의 전기를 쓰지 않게 되었다고 한다.

  2016년 11월에 완공된 '황해남도 자연식 물길 공사'는 2012년에 시작됐다. 2015년과 2016년 초에 완공하라는 지시가 있었지만, 2016년 9월 홍수 피해 등으로 여의치 않아 그 해 말이 되어서야 1단계 공사가 마무리된 것이다. 이로써 북한의 대표적인 곡창지대인 황해도와 평안도에 4개의 대규모 자연식 물길(관개수로)가 완성되어 에너지 소비가 적은 물관리 체계가 갖추어졌다.

새로 만들어진 물길에 물이 채워져 있다면 물길 양쪽으로 1~3km 범위 안의 농지에 물을 안정적으로 공급할 수 있다. 따라서 물 부족으로 식량 생산에 어려움을 겪는 경우가 많이 줄어들게 된다. 게다가 물 공급을 위해 에너지를 쓰지 않아도 되니, 발전소를 더 짓지 않고도 전기에너지를 더 만들어낸 것과 같은 효과를 거두게 되었다.

국내산 비료생산과 종자혁명

화학 공업의 발전이 농사에 직접적으로 영향을 미치는 것은 비료를 비롯한 각종 화학물질들을 공급해주는 것이다. 적기에 공급된 비료는 그 무게의 몇 배에 해당하는 생산량 증대 효과를 가져오기 때문에 농사에 있어 필수 요소이다. 북한 경제권이 동서로 나뉘어 있어, 동쪽으로는 2.8비날론련합기업소, 서쪽으로는 남흥청년화학련합기업소에서 각종 화학비료를 생산해서 공급한다. 2010년 즈음 두 공장에서 비료를 생산하고 나서 비료 수입량이 줄어들었다.

병해충에 강하고 자연재해에 강하면서 수확량이 높은 종자를 확보하는 것 또한 식량 생산량을 늘리는 데 매우 중요하다. 북에서 종자 개량 사업은 농업과학원과 군의 관련 연구조직 중심으로 진행된다. 종자육종농장인 제810군부대 산하 1116호 농장은 2013년부터 몇 해 연속으로 김

모내기하는 북한의 농민들

정은 위원장이 직접 현지지도한 곳이다. 이곳에서 김 위원장은 종자혁명을 강조하였다.

농업과학자들은 벼 강화재배 방법도 개발했다. 품종 선택부터 모내기, 김매기, 물 대기, 비료 주기 등 벼농사 단계마다 효율적인 기술과 재배법을 복합적으로 적용해서 벼의 소출을 극대화하고 노동력, 물, 영농자재는 크게 줄이는 방법이다. 처음에 외국의 벼 강화재배 방법을 도입하려다가 실패했는데, 그 뒤 북한 기후와 토양에 맞는 방법을 새로 탐구하기 시작하여 2017년에 일부 농장들에 시범 도입하는 데 성공했다.

그 결과 정보당 수확량이 1톤 이상 높아져서 2018년부터는 전국적으로 확대 시행되었다. 가뭄과 홍수가 연이어 발생했던 2019년에 오히려 농업 생산량이 역대 최고를 기록한 요인 중 하나가 바로 벼 강화재배 방법의 대대적인 도입이었다고 북 스스로 밝힌 바 있다. 개발을 주도한 농업연구원 문명철 박사는 그 공로를 인정받아 2021년 5월에 '2020년 국가 최우수 과학자 기술자'로 선정되었다.

포전담당책임제 도입

공장, 기업소의 자율성을 강화하는 방향으로 경제관리 체계를 바꾸고 있는 것처럼 협동농장 등의 운영도 바뀌고 있다. 작업반 내 분조 단위로 특정 영역(포전)을 담당시켜 책임성을 높이는 '포전담당책임제'가 도입되고 있다.

예전에는 집단주의 정신에 맞추기 위해 단체, 즉 3~5명 이상의 단위로 담당 포전을 정해주었지만 1명이 포전을 담당하는 것도 가능하게 바뀌고 있다. 또한 수확물에 대해 담당자들의 처분권을 높여주는 방향으로 정책을 다듬고 있다.

북한의 식량 생산 능력은 1990년대 수준을 훌쩍 뛰어 넘었다. 북한에 대한 어두운 이미지 중 제일 강한 이미지는 '굶주리는 사람이 많은 나라'일 듯하다. 1990년대 중반에 북 스스로 UN에 식량 지원을 요청했으니 근거가 없는 이야기도 아니며 당시 찍힌 굶주리는 사람들 모습은 워낙 충격적으로 받아들여졌기 때문이다.

고난의 행군 이후 20년이 지났다. 북한 정부는 식량 생산을 늘리기 위해 다양한 시도를 해왔고 나름 성과가 있었다. 급기야 2015년 즈음부터는 식량지원을 비롯한 인도적 지원을 받지 않겠다고 공식석상에서 공표

평양의 대형마트인 '광복거리상업중심'에서 빵을 고르는 평양시민들. 평양 주민들의 식생활도 다양해지고 있다.

하기도 했다.

그런데 굶주리는 북한, 이에 대처하지 못하는 정부라는 이미지는 바뀌지 않고 있다. 북한과 교류협력을 생각할 때마다 등장하는 식량지원 정책이 사라지지 않는 이유이다. 이제 이 이미지를 삭제할 때가 되었다. 식량지원, 인도적 지원을 넘어선 교류협력을 고민할 때가 되었다.

조선노동당 8차대회에서는 이민위천, 일심단결, 자력갱생을 핵심 구호로 제시했다.

2021

2021년
조선노동당 8차 대회와
15년의 국가비전
정비보강전략

2021년 1월 5일, 7차 대회 이후 5년 만에 8차 당대회가 개최되었다. 정면돌파전을 결정한 후 첫 당대회인만큼 외부의 관심도 컸다. 과연 정면돌파전은 유지되는 것인가, 미국과 한국에 대한 어떤 메시지를 던질 것인가 하는 것이 주요 관심사였다. 그런데 의외의 말이 부각됐다. '미진'이라는 말이다.

김정은 위원장은 당대회 보고에서 "국가 경제의 장성 목표들이 심히 미진되고 인민생활이 뚜렷하게 향상되지 못하는 결과가 빚어졌다"고 평가했다.

2021년 1월에 개최된 조선노동당 8차대회 모습

'미진'하였다는 말의 의미

'목표 달성에 미진, 미달'하였다는 것과 '5개년 전략이 실패'했다는 것은 완전히 다른 의미이다. 뜻도 분명 다르지만 대응 자체도 달라진다. 목표 달성에 미진하였다고 판단되면 기간을 연장하거나 방법을 달리하여 다음에 다시 목표를 달성하려고 할 것이다. 하지만 5개년 전략이 실패하였다고 한다면 이를 수정하려고 할 것이다.

8차 당대회는 전략이나 계획의 수정이 아니라 '정비 및 보강'을 선택했다. 미진한 '전략적 목표' 달성을 위한 '새로운 5개년 계획'을 수립함으로

평양시 상원군에 있는 상원시멘트공장 전경

써, 이전에 세웠던 전략을 계속 추구하기 위해 하위 개념인 계획을 새로 마련한 것이다. 이전에 마련된 정책들을 다듬고(정비), 보충하여 더욱 강화하는 것(보강)이 8차 당대회 논의의 주요 방향이었다.

비록 목표들에 심히 미진되었다고 평가했지만, 부문별, 시기별, 기업소별 목표를 달성한 곳이 없지는 않았다. 대표적인 곳이 상원세멘트련합기업소이다. 이곳은 8차 당대회 즈음에도 목표를 달성했다는 기사가 나왔고 7차 당대회 당시에도 '최고생산년도' 수준을 돌파한 곳으로 대표되었다. 시멘트는 8차 당대회에서 구체적인 목표가 수치로 제시될 정도로 자신만만한 단위였다. 지난 5년 동안 대규모 건축사업이 진행될 수 있었던 것도 시멘트 생산량의 뒷받침 없이는 불가능한 것이었다.

8차 당대회에서 성과를 거두었다고 수치까지 거론된 또 하나의 부문은 산림조성이었다. 김정은은 "100여만 정보의 산림이 새로 조성"되었다고 보고(1정보는 3,000평)했다. 이는 2015년부터 진행된 '10개년 산림조성전망계획'에 의한 성과이기도 했다. 시군 단위까지 자체 양묘장을 꾸리게 하였고 김일성종합대학에 산림과학부를 새로 만드는 등 다양한 노력을 기울인 결과였다.

농업 부문에서 "지속된 혹심한 가물과 큰물, 모든 것이 부족한 속에서도 과학농사, 다수확 열풍을 세차게 일으켜 알곡생산량을 전례 없이 높이는 성과"를 거두었다고 평가한 부분도 이채롭다. 목표치(700만 톤) 달성은 못하였지만 최고실적은 갱신(665만 톤)하였다고 보고된 것이다. 최고 생산연도는 2019년이며, 2020년에는 극심한 자연재해로 인해 다시 생산량이 떨어졌다. 북한의 식량난에 대한 이야기가 많이 나오지만 농사 부문에서도 의미 있는 성과가 있었던 것이다.

군수 부문과 국방과학기술 부문 역시 가장 앞서 있고 실적이 좋았다. 2017년 11월 29일, 핵탄두를 장착한 ICBM인 '화성-15형'을 시험발사하는 데 성공하여 "국가핵무력건설 대업을 완성"했기 때문이다.

이처럼 여러 부문에서 성과가 있었음에도 미진이라는 표현을 사용했다는 것은 이 부문들을 뺀 나머지 부문에서 목표 달성에 실패했고, 종합적인 지표를 기준으로 한다면 목표 달성에 이르지 못했다는 결론을 내린 것으로 보인다.

목표 미달의 세 가지 원인

미진의 원인으로는 세 가지가 제시되었다. 과학적 타산과 근거에 기초하여 목표가 똑똑히 세워지지 않았고, 과학기술이 경제사업을 견인하는 역할을 하지 못했으며, 불합리한 경제사업체계와 질서를 보강하기 위한 사업이 제대로 추진되지 못했기 때문이다. 즉 비과학적 계획, 과학기술과 경제의 연계 부진, 비효율적인 경제시스템을 미진의 원인으로 꼽은 것이다.

당대회는 지난 5년을 평가하고 앞으로의 5년을 설계하는 조선노동당의 가장 큰 회의이다. 지난 5년의 평가 속에서 미진의 원인을 분석했다면, 당대회에서는 원인을 해소할 대책을 강구하고, 그 대책에 기반해 새로운 설계도 즉 새로운 경제발전 5개년 전략을 제시하게 된다.

정비보강 1. 과학적인 계획 수립

첫 번째로 지적된 계획을 비과학적으로 세웠다는 평가는 계획과 전략을 작성하는 작업이 불합리하게 진행된 것을 의미한다. 그래서 8차 당대회에서는 '새로운 5개년 계획'을 수립하고 첫해 사업 목표를 정하는 과정을 이전과 달리 굉장히 오래, 여러 단계를 거쳐 차근차근 진행하였다. 이같은 과정은 당대회 전부터 시작된 것으로 보인다.

북한은 8차 당대회 개최가 결정된 2020년 8월 직후, 당중앙에서 비상설중앙검열위원회를 꾸리고, 그 위원회가 '료해검열소조'라는 특별 조직을 만들어 모든 현장에 파견하였다. 검열소조는 현장에 내려가 간부를 만나는 것이 아니라 노동자, 농민, 지식인들을 만났다. 생산 현장에 있는 근로자들의 의견과 평가를 듣기 위함이었다.

간부들이 비과학적인 계획을 수립했으니 간부를 만나봤자 제대로 된 대책을 세울 수 없다는 판단이었던 것으로 보인다. 그 검열소조의 활동이 종합되어 8차 당대회에서의 종합적인 평가가 이뤄졌다고 볼 수 있다.

8차 당대회를 끝낸 후에는 마련된 초안을 가지고 생산현장에서 계획을 다듬고 토론한 뒤에 세부적인 내용까지 마련하는 과정을 한 달 정도 진행했다. 그런 후에야 2월 8일부터 8기 2차 전원회의를 열어 2021년도 계획과 목표를 최종 확정하였다.

2차 전원회의 때 김정은 위원장이 직접 여전히 어느 단위에서는 현실성 없이 목표를 높게 잡았고, 또 다른 단위에서는 나중에 목표 달성 미진이라는 비판을 피하기 위해 처음부터 지나치게 목표를 낮게 잡았다고 비판하면서 계획을 현실성에 기초하여 과학적으로 세우는 과정을 유도했다.

정비보강 2. 비효율적인 경제시스템 개선

세 번째로 지적된 비효율적 경제시스템을 극복하는 것은 효율성이 극대화되는 방향으로 경제시스템을 정비하고 보강하는 길밖에 없다. 8차 당대회에서 정비보강전략을 강조한 이유가 바로 여기에 있다고 할 수 있다.

북한은 정비보강 전략을 "경제사업체계와 부문들 사이의 유기적 련계를 복구 정비하고 자립적 토대를 다지기 위한 사업을 추진하여 우리 경제를 그 어떤 외부적 영향에도 흔들림 없이 원활하게 운영되는 정상궤도에 올려세우는 것"으로 정의한다.

모든 시스템이 그러하듯이 북한 경제시스템의 비효율성 역시 내적 요인과 외적 요인을 갖는다. 내적 요인은 경제사업체계와 경제부문간의 유기적 연계가 파괴된 경우이다. 비록 김정은 체제 이후 유기적 연계가 복구되는 과정에 있기는 하지만 여전히 심각한 숙제로 남아있다는 것을 확인할 수 있다. 그래서 이 연계를 복구 정비하는 것이 정비보강 전략의 한 축을 이룬다.

북한 경제를 어렵게 만드는 외적 요인으로는 오랫동안 지속되고 있는 대북제재 환경, 그리고 2019년 전 세계를 강타한 코로나 바이러스와 수시로 북한 지역에 들이닥치는 자연재해를 들 수 있다. '외부적 영향'이란 이런 외적 환경이 북한 경제에 미치는 부정적 영향을 통칭하는 의미일 것이다.

이미 북한은 2019년과 2020년 이들 외부적 영향을 정면돌파하기로 결심했다. 따라서 정비보강 전략의 또 다른 한 축은 자력갱생이고, 자립경제체제를 강화하는 것이다. 즉 자급자족 시스템을 구축하는 방향으로 경제시스템을 정비보강 한다는 것이다.

정비보강 3. 과학기술 발전과 경제와의 연계

미진의 원인 셋 중에서 제일 중요한 원인은 두 번째로 언급했던 과학기술이 경제사업을 견인하지 못한 점이다. 이것을 극복하기 위한 대책은 두 가지이다. 첫째 과학기술 자체를 발전시키는 것이고, 둘째 과학기술과 경제의 일체화를 통해 둘의 연계를 강화하는 것이다.

물론 이 같은 대책도 새로운 것이 아니다. 김정은 10년 동안 특히 7차 당대회 이후 5년 동안 가장 중요하게 강조되었던 대목이다. 그래서 '정비보강전략'이 8차 당대회를 상징하는 핵심어이다. 지금까지 해왔던 것을 정비하고 보강하는 것이 관건적 문제로 상정된 것이다.

과학기술의 중요성을 강조하는 북한의 선전화

우선 과학기술 자체를 발전시키기 위한 북한의 노력은 2021년을 "과학으로 들고 일어나는 해"로 규정했다는 사실이다. 경제의 모든 부분에서 "과학기술에 의거하여" 새로운 경제 5개년 전략을 수행해야 한다고 강조한다. 자립경제 발전을 위해 "원료·자재의 국산화"를 실현하는 것도, "선질후량, 생산정상화, 개건현대화, 성장잠재력"을 확보하는 것도 과학기술이다. 그래서 과학기술의 발전은 "모든 부문, 모든 단위에서 새로운 전진과 비약을 이룩하기 위한 필수적 요구"이다.

"무엇을 하나 해도 과학적 리치에 맞게 진행"해야 하고 "당에 대한 충성도, 조국에 대한 사랑도 과학기술에 기초한 높은 사업실적으로 표현되어야 한다"고 강조한다.

금속, 화학공업을 경제발전의 관건적 과제로

금속공업과 화학공업을 경제발전의 관건적 고리로 설정한 것은 과학기술과 경제와의 연계를 강화하는 것과 밀접히 관련된다. 금속공업과 화학공업은 과학기술적 뒷받침이 없다면 발전이 어려운 부문들이다. 이 부문들의 핵심 과제가 주체철, 대형 산소분리기, 고온산소열법, 탄소하나화학공업, 촉매 개발 등인데 이는 과학기술적 문제가 해결되어야 가능한 것들이다.

7차 당대회 당시 후순위에 언급되었던 금속공업과 화학공업은 점차 앞으로 배치되기 시작하더니 정면돌파전을 채택할 당시 제일 앞에 거론되었고, 이번 8차 당대회에서 경제발전의 '관건적 고리'로 그 위상이 올

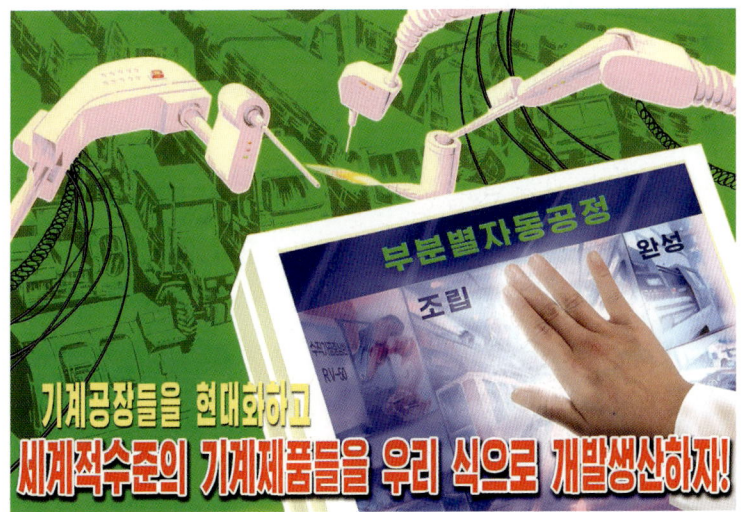

기계공장의 현대화를 강조하는 북한의 선전화

랐다.

  자급자족이라는 높은 수준의 자력갱생, 자립경제 노선을 채택함에 따라 이 부문들이 더욱 중요하게 취급받았다고 볼 수 있다. 연료, 원료, 기술 등에서 국산화, 재자원화해야 경제가 발전하는데, 이 문제를 푸는 열쇠가 금속공업과 화학공업인 것이다. 따라서 금속공업과 화학공업은 과학기술과 경제의 연계를 강화하는 데서 관건적 고리가 되는 것이다.

  또한 8차 당대회에서는 생산현장에 대한 기술지원활동과 경제에 직접적으로 도움이 되는 연구가 부쩍 강조되었다. 이는 생산현장에서 필요한 과학기술 문제해결 능력에 차질이 빚어졌고 자력갱생 정책의 강도가 점차 높아졌기 때문이다. 현장의 요구에 맞추어 수입에 의존하던 품목을 국산화시키고, 이 빠진 공정을 자체의 기술과 인력으로 채워야 했다. 북한 특유의 현장 중심의 과학기술 정책이 다시 강조될 상황이 발생하였던 것이다.

2021년 정비보강은 어떻게 추진되었나

8차 당대회 이후 북한은 정비보강전략을 위한 적극적 대책을 강구했다. 2021년의 추진경과를 종합해 정비보강의 특징과 이후 북한이 추진하려는 방향을 다섯 가지로 정리했다.

정비보강전략의 무기는 과학기술

과학기술은 모든 사회경제영역 전반의 발전을 보장하고 촉진하는 전천후 무기로서 모든 영역에서 전면 배치되었다.

예를 들어 가장 중요하게 설정하고 있는 과학기술 인재 문제를 해결하기 위해 인재정보를 디지털화한 인재관리 시스템을 개발했고, 각 부문, 지역, 단위들에 보급했다. 이 시스템을 활용해 과학기술 인재들을 적재적소에 배치하라는 것이다.

또한 북한은 과학자, 기술자, 경제간부들을 대상으로 재교육도 강화하고 있다. 특히 경제간부들을 대상으로 하는 6개월 과정 원격 재교육 프로그램을 만들어 최신 경제, 과학기술 관련 지식을 학습하고 평가를 거쳐 수료할 수 있게 했다.

교육개혁의 핵심 요소인 교원 역량 강화를 위해 지역별, 학교 유형별,

평양교원대학 학생들이 '과학으로 비약하자'는 구호판 앞을 지나고 있다.

단위별, 개인별로 정량화해서 개인들의 자질을 평가할 수 있는 교원자질평가 시스템도 개발했다. 주요 대학들에는 첨단부문 고급인재 양성을 위해 인공지능, 생물공학, 나노, 신소재, 신에너지 관련 학과도 신설·증설했다.

당의 지도력 강화가 정비보강전략의 승패 좌우

8차 당대회 이후 최고인민회의(1월 17일), 당 중앙위원회 전원회의(2월 8~11일), 내각 전원회의 확대회의(2월 25일, 4월 11일), 시군당 책임비서대회(3월 4일), 세포비서대회(4월 7일) 등 주요 회의와 대회를 연이어 개최하며 정비보강전략에 입각한 새로운 5개년 계획을 실현하기 위해 여러 현황을 꼼꼼하게 점검하고 구체적인 방안을 마련하여 정확하게 실행에 옮겼다.

8차 당대회 이후 5년은 그 어느 때보다 각급 당회의가 많이 개최될 것이며, 당의 지도력을 강화하기 위한 노력을 경주할 것이다.

정비보강전략은 국가의 기능 강화, 특히 법과 제도의 정비를 통해 추진된다. 따라서 우리국가제일주의는 더욱 강조될 것으로 전망된다. 2020년 4월 '재자원화법'을 제정하여 각급 단위의 재자원화 사업이 경제성, 전문성, 환경오염 방지 등 요건을 충족하는지 꼼꼼하게 감독하고 있다. 또 '과학기술성과도입법'을 제정하여, 우수성과를 낸 사람들에게 포상금 등을 제공함으로써 주민들의 혁신, 발명 의욕을 높이고 있다. 7월 '최우수발명가상'을 제정한 것도 같은 취지이다. 금속공업법, 화학공업법, 기계공업법을 채택(7월1일)하고, 시, 군 발전에 필요한 제반 사항을 규정한 '시·군발전법'도 제정했다.

2025년까지 의식주 문제 해결에 집중

북한은 2025년까지 경공업, 농축수산업, 살림집 건설에 집중할 것이다.

9월 29일 최고인민회의 시정연설과 10월 10일 당 창건 기념연설에서 김정은 위원장은 "5개년계획 기간 안에 큰물에 의한 피해 위험성을 기본적으로 없애고", "가까운 앞날에 식량문제를 완전히 해소"하겠다고 언급했다. 또한 기념강연에서는 "5개년계획 기간을 인민들의 식의주 문제를

| 조선노동당 8차대회에서 채택된 정책방향 |

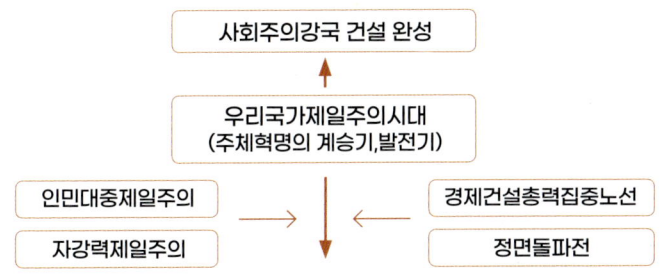

인민대중제일주의정치 실현
- 당사업의 근본적 혁신
- 당중앙의 유일적 영도체계 심화
- 현지지도 단위를 당정책관철의 본보기로 개발
- 당적 지도, 정책적 지도 강화
- 친인민적, 친현실적 당사업으로 전환
- 초급당과 당세포 강화
- 세도와 관료주의, 부정부패 투쟁 지속
- 당일꾼들의 수준과 능력 제고

국가방위력 강화
- 국가핵무력완성에 기반한 국방공업의 비약적 강화 발전
- 핵기술의 고도화 (핵무기의 소형경량화, 전술무기화, 초대형핵탄두 생산, 핵잠수함과 SLBM 개발 등)
- 군사정찰위성 운용, 무인정찰기 개발
- 첨단화, 정예화된 군대
- 무장장비의 지능화, 정밀화, 무인화, 고성능화, 경량화 실현

경제발전 5개년계획 추진
- 기본종자 : 자력생생, 자급자족
- 기본방향 : 경제 전반의 정비,보강 전략, 경제적 자립적 구조 완수, 경제의 균형적 발전
- 목표 : 지속적인 경제상승과 인민생활의 뚜렷한 개선
- 과제 : 내각책임제 강화, 경제관리 결정적 개선, 원료와 자재 국산화, 산업건설과 인민 주택건설 동시 추진, 지방의 자립화 강화, 첨단기술개발 촉진 및 과학연구성과 공유

대남,대외관계 발전
- 남북관계 중대기로, 남북관계 개선 전망 불투명
- 남북관계 개선 위한 적극적인 대책 강구
- 적대 행위 중지, 공동선언이행, 한미군사연습 중지
- 대외관계 전면적 확대발전
- 대미전략 책략적으로 수립
- 강대강, 선 대선의 원칙에서 미국 상대
- 핵무기 남용하지 않을 것

해결하는데서 효과적인 5년"이라고 언급했다.

김 위원장은 여러 계기를 통해 경제건설을 당면 목표를 인민생활의 안정에 있음을 밝힌 바 있으며, 그것을 위해 식량문제 해결을 강조해왔다. 큰물 피해는 식량 생산에 가장 큰 걸림돌 중의 하나였다. 따라서 2026년 9차 당대회 때까지 달성해야 할 목표는 식량문제를 포함하여 식의주 문제 즉 먹고, 입고, 자는 문제를 해결하는데 있음을 강조한 것이다.

북한은 당대회가 개최되는 5년이 아니라 향후 15년을 내다보고 중장기 계획을 구상하고 있다. 특히 11차 당대회가 개최될 2035년을 전후로 하여 과학기술강국, 경제강국 건설이라는 청사진을 제시했다.

4월 29일 김정은 위원장이 청년동맹 대회에 보낸 서한의 한 구절이다.

"우리 당은 앞으로의 5년을 우리식 사회주의건설에서 획기적 발전을 가져오는 효과적인 5년, 세월을 앞당겨 강산을 또 한 번 크게 변모시키는 대변혁의 5년으로 되게 하려고 작전하고 있습니다. 그리고 다음 단계의 거창한 투쟁을 련속적으로 전개하여 앞으로 15년 안팎에 전체 인민이 행복을 누리는 륭성번영하는 사회주의강국을 일떠세우자고 합니다."

당대회를 5년 주기로 열기로 했으니 당대회 때마다 단계를 상승시킬 구상인 셈이다. 특히 "15년 안팎에 사회주의강국"을 건설하겠다는 포부를 밝힌 점이 눈에 띈다. 15년 뒤면 2035년, 11차 당대회가 열리는 해이다. 아마도 2035년까지 과학기술강국, 경제강국을 건설하겠다는 전망을 수립하고 있는 것으로 해석된다. 15년이라고 명시하지 않고 "15년 안팎"이라고 명시한 것은 중장기 계획의 속성상 당겨질지도, 늦춰질 수도 있다는 여지를 남겨둔 것으로 보인다.

정비보강은 새로운 전략이 아니다. 계획을 더욱 과학적으로 수립하고, 과학기술을 더욱 발전시키고, 과학기술과 경제의 연계를 더욱 강화해 생산실적을 높이자는 것이다. 그러나 정비보강은 새로운 전략이다. 간부와 일군을 새롭게 키워내야 하고, 비효율적인 경제시스템을 새롭게 개편해야 하기 때문이다.

김정은 집권 10년 북한은 자신들이 세운 목표를 달성하기 위해 무수한 노력을 기울여왔던 것은 분명하다. 그리고 5년 내에 기본적인 의식주 문제를 해결하고 15년을 전후 해 사회주의 강국을 만들자고 결심했다. 북한은 과연 이 같은 목표를 현실로 만들 수 있을까. 한 가지 분명한 사실은 지금까지 그랬듯 자신들의 길을 포기하지 않고 가리라는 것이다.

2022년 1월 5일 평양시 김일성광장에서 열린 '조선노동당 중앙위원회 제8기 제4차 전원회의 결정을 철저히 관철하기 위한 평양시 궐기대회'를 마친 시민들이 각종 구호판을 들고 행진하고 있다.

끝내며

발전전략의 맥락에서 본
김정은 집권 **10**년

 모든 나라는 국가 발전을 위한 전략을 갖는다. 북한 역시 고유의 발전전략을 갖고 있다. 사회주의의 완전 승리를 넘어 공산주의 사회를 건설하는 것, 이를 위해 조선노동당의 역할을 강조한 것은 김일성 시대부터 채택된 발전전략이었다.

 북한의 발전전략은 김정은 시대에도 그대로 계승되었고, 구체화되었다. 2012년 열병식 연설에서 김정은 위원장이 다시는 인민들이 허리띠를 졸라매지 않도록 하겠다는 포부를 밝히고 일심단결, 불패의 군력에 새 세기 산업혁명을 더해 사회주의강국을 건설하겠다는 구상을 피력하고(1장), 2016년 당대회에서 경제강국 건설을 기본목표로, 과학기술강국 건설을 당면목표로 설정했다(5장, 10장).

경제건설과 핵무력건설을 병행하는 병진노선을 채택함과 동시에 경공업과 농업을 기본전선으로 설정하고(2장) 과학기술 발전에 힘을 넣어 경제의 과학화, 현대화를 추진했다(3장). '주체철' 생산에 온 힘을 다하고, 각 공장에 통합생산체계를 구축하는 북한의 인식을 확인할 수 있다(8장). 평양과 지역의 주요 거점들에 본보기 공장들과 살림집 등을 개건, 신축하고(5장), 사회주의기업책임관리제 하에서 생산현장을 개혁하고 공장과 협동농장의 운영 방식을 변화시키려는(4장) 노력도 진행되었다.

우리는 지난 10년의 김정은 체제가 자신들이 설정한 발전전략을 수행하기 위해 '피나는 노력'을 경주해왔다는 사실에 주목해야 한다. 이 과정 속에서 가시적인 성과를 낸 부분도 있고, 성과가 나오고 있는 부분도 있으며, 아직 성과가 나오지 않는 부분도 있을 것이다. 중요한 것은 북한은 정체되어 있지 않았고, 변화를 거부하지도 않았고, 완전하진 않지만 가시적 성과들을 만들어 오고 있다는 사실이다.

발전전략은 정치경제적 상황, 대외환경의 변화에 따라 변하기 마련이다. 2017년 핵무력의 완성은 전략의 변화를 예고하는 '변곡점'이었다. 북한은 핵 억지력을 완성한 것에 대한 자신감을 갖게 되었고, 경제·핵병진노선을 종결하고 경제건설총력집중노선을 채택했으며 군수의 민수전환을 가속화하고 있다(6장).

북의 자신감은 대남정책, 대외정책에서 큰 변화를 가져오기도 했다.

'평화의 봄'으로 상징되는 남북정상회담, 북미정상회담 외에도 북중·북러 정상회담 등 '세기의 만남'을 진행하면서 대외환경의 변화를 꾀했다. 대남, 대외관계 개선을 통해 제재 일부를 해제하여 경제집중노선을 원만히 추진하겠다는 구상도 함께 담겨 있었다(7장).

새로운 발전전략 : 정면돌파전과 정비보강전략

그러나 북한의 의도대로 상황이 원만하게 돌아가지 않았다. 한국과 미국은 판문점 선언과 싱가포르 공동성명을 충실히 이행하지 않았으며, 특히 2차 북미정상회담이었던 하노이 회담은 실패로 귀결되었다. 제재 일부를 해제하여 경제발전전략을 추진하려던 북한의 구상은 큰 타격을 받았을 것으로 생각된다.

북한은 발전전략을 수정할 것인가 하는 선택의 기로에 놓이게 되었다. 북한의 선택은 정면돌파전이었다. 새로운 전략에 대한 수정 없이 정면돌파를 선택한 것이다. "가장 엄혹한 환경"이라는 점을 감추지 않고 드러내면서도 과학기술의 힘, 인민의 힘으로 경제강국을 건설하겠다는 구상이 2019년 4월 시정연설과 12월 당전원회의에서 피력되었다. 북미대결을 "자력갱생과 제재의 대결"이라고 표현한 것은 북한이 정면돌파전을 어떤 성격으로 규정하고 있는지를 잘 보여준다(9장).

2020년은 악재와 고통이 중첩된 해였다. 대북제재라는 기본악재에 코로나19 바이러스 창궐 그리고 홍수라는 예기치 않았던 두 가지 악재가 겹쳐 삼중고가 북한을 덮쳤다. 7차 당대회에서 채택했던 경제발전 5개년 전략의 목표 달성을 미달했고, 북한은 2021년 8차 대회에서 정비보강전략을 채택했다. 과학적 타산과 근거에 기초한 계획 수립, 과학기술의 역할 정상화 등을 강조했다(10장).

8차 당대회에서 새롭게 채택한 정비보강전략, 새로운 경제발전 5개년 전략이 성공할지 여부는 지켜볼 일이다. 성공할지 미달할지 예단은 의미가 없다. 다만 북한이 모든 자원을 총동원해 정비보강전략, 경제발전 5개년 전략에 매진할 것은 분명하다. 그것이 그들이 선택한 새로운 발전전략이기 때문이다.

북한에 대한 시각 교정해야

대화와 협력이란 상대방에 대한 인정과 존중을 전제로 했을 때 현실적 의미를 갖는다. 과연 우리 사회는 북한을 인정하고 존중해왔는가 돌아볼 필요가 있다. 북한 체제를, 북한 발전전략을 인정하고 존중하기보다 왜곡하고 깎아내리고 무시해왔다고 해도 과언이 아니다.

1990년대부터 남북대화가 본격적으로 시작되었다고 한다면 남북관계는 지금까지 30년의 부침을 겪어왔다. 그 원인은 다양하게 존재한다. 북한 내부 사정, 남한 내부 사정, 대외환경 등 남북관계 변화를 촉진하고 악화시키는 수많은 변수들이 존재했고, 앞으로도 존재할 것이다. 한 가지만큼은 분명하다. 남북관계가 부침을 반복하고 가다 서다를 반복하고 경우에 따라 험악한 분위기가 연출되었던 데는 우리 사회가 북에 대한 이해와 존중이 없다는 것이 중요한 몫을 차지한다.

북에 대한 사고와 시각의 전환이 필요하다. 북한의 발전전략은 잘못된 것이 아니라 우리와 다른 것이라는 사고의 전환 말이다. 사고의 전환이 없다면 남북관계는 지난 30년의 과정을 되풀이할 것이다. 남은 북의 발전전략을, 북은 남의 발전전략을 이해하고 존중해야 한다. 상대방의 전략을 잘못된 전략으로, 수정해야 할 대상으로 여기는 사고를 갖고는 절대 남북관계는 정상적 발전궤도를 그리기 어렵다.

김정은 집권 10년의 시간은 북한의 발전전략이 역동적으로 전개되고 변화하는 시기였다. 북한은 자신의 전략을 고수할 것이다. 자신의 발전전략을 결정하고 집행하는 것은 그들 고유의 권한이다. 북한의 발전전략은 상수이다. 이것을 변수로 사고하는 순간 북한과의 정상적 대화와 협력은 불가능하다.

대화와 협력은 남북관계 발전의 필수요소이다. 남북관계 발전은 한반도의 평화와 번영 그리고 통일의 전제이다. 대화와 협력은 상대방을 있는 그대로 인정하고, 상대방의 발전전략을 존중하는 것으로 시작된다. 따라서 북한에 대한 시각과 사고의 교정이 없으면 남북관계는 가다 서다를 반복하는 기존의 남북관계 패턴에서 벗어날 수 없으며 한반도의 평화와 번영도 가능하지 않다.

지속 가능한 남북관계를 위해

지난 30년간 남북관계는 단절의 연속이었다. 대화와 협력이 모색되다가도 어느 순간 남북관계는 정체되고 대결적 상황에 처하곤 했다. 그렇다면 좋게 발전하던 남북관계는 무엇 때문에 다시 좌초되는가. 결국 지속 가능한 남북관계는 어떻게 가능한가의 문제로 귀결된다. 2018년 이후 남북관계가 경색되는 과정을 복기하는 것은 대단히 중요한 시사점을 제공한다.

2018년 9월까지 진전하던 남북관계는 한미워킹그룹회의가 만들어지면서 정체되었다. 미국의 간섭으로 남북관계가 정체된다. 남북관계가 발전하기 위해서는 미국의 동의를 구해야 한다는 낡은 사고가 남북관계를 정체시키는 결과를 초래한 것이다.

우리 정부는 남북관계의 진전을 하노이 회담 이후로 설정한다. 남북관계를 북미대화에 결박한 것이다. 북미 대화가 성공하면 다행이지만 실패

2005년 8월 14일 '8.15서울 민족대축전'에 참가한 김기남 당 비서를 비롯한 북한의 고위대표단이 현충원을 참배하고 있다.

하면 남북관계 역시 수렁에 빠지는 구조가 만들어진다.

비핵화 맹신이 낳은 결과다. 한반도가 비핵화 되지 않으면 북미관계도 진전될 수 없고, 결국 남북관계도 진전할 수 없다는 사고의 포로가 되는 것이다. 따라서 이 사고는 남북관계를 비핵화에 결박시키는 셈이 된다. 결국 남북관계를 북미관계와 비핵화에 종속시켜 버린다. 우리 정부 스스

도라산전망대에서 바라다 본 DMZ과 개성공단. 새로운 남북협력 모색을 위해 개성공단 재개가 시급하다.

로의 사고가 그런 결과를 초래했다.

　남북관계의 정체와 대화의 단절은 분단체제, 동맹체제가 '정상적으로' 작동할 수 있는 환경을 만든다. 북한 지역 수복을 설정한 '북한 안정화 작전'이라는, 사실상 대북 적대행위가 '연례적 한미군사연습'과 '전시작전통제권 환수 대비'라는 미명 아래 강행된다. 국내의 반북세력들은 대북

전단을 살포하고 우리 정부는 분단체제의 포로가 되어 이것을 방치한다.

결국 지속 가능한 남북관계는 네 가지 문제를 해결해야 가능하다는 결론에 이르게 된다. 첫째, 미국의 동의를 구해야 한다는 사고 즉 동맹의 논리에서 벗어나는 것이다. 둘째, 남북관계를 북미관계에서 독립시켜 독자적으로 발전시키는 것이다. 셋째, 비핵화가 선행되어야 한다는 선비핵화의 망령에서 벗어나는 것이다. 넷째, 전단 살포 등 반북세력들의 위험한 행동을 통제하는 것이다.

네 가지의 문제는 부분적으로, 간헐적으로 해결을 모색한 바 있다. 미국의 동의를 구하는 절차가 아닌, 하는 만큼 미국을 설득하고 미국이 설득되지 않으면 애초의 계획을 그대로 추진했던 사례가 있다. 노무현 정부 때의 개성공단이 그것이다. 북미관계가 경색된 상황에서도 남북 대화를 추진한 적이 있다. 판문점 정상회담이 대표적 사례이다. 김대중 정부 시기 비핵화 협상이 진행되지 않은 상황에서도 남북대화를 추진했다. 이명박·박근혜 보수 정부 때도 전단 살포 등 반북활동을 통제한 적이 있다.

따라서 남북관계를 지속 가능하게 하는 문제는 불가능의 영역이 아니다. 의지가 있으면 해결할 수 있는 영역이다.

새로운 남북협력을 모색하자

북한은 과학기술 강화를 경제발전의 원천으로 본다. 우리도 크게 다르지 않다. 어쩌면 과학기술은 남북이 협력할 수 있는 최적의 영역인지도 모른다. 과학기술협력이 양측의 발전전략과 결합하여 '평화와 번영'을 촉진하는 동력이 될 수 있다.

　우리가 앞선 과학기술 영역이 존재하고, 북한이 앞선 과학기술 영역이 존재할 것이다. 노무현 정부 시기 북한의 풍부한 자원과 우리가 앞서있는 경공업 제품을 주고받는 협력을 진행한 바 있다. 과학기술의 유무상 통이야말로 최적의 남북협력 모델일지도 모른다.

　최근 북한과 의료협력을 진행했던 미국의 한 의대교수에 따르면 북한에서 개발한 CT(컴퓨터 단층 촬영장비) 영상이 충분히 사용 가능한 수준이라고 한다. 대당 2만 달러라고 하니 시중 CT 가격의 10%에 불과하다. 이들 기계를 개발도상국, 저개발국가에 공급하는 사업 역시 남북협력으로 진행할 수 있을 것이다.

2007년 5월 17일 남북 철도연결구간 열차 시범운행 모습. 남북 철도연결은 가장 중요한 협력 사업의 하나이다.

과학기술에만 국한되지는 않을 것이다. 김정은 집권 10년을 살펴보면서 과학기술이 눈에 들어왔을 뿐이다. 기후위기 관련 협력 역시 중요한 영역이 될 수 있다. 북한을 있는 그대로 받아들이고, 북한의 변화를 있는 그대로 수용한다면 그 전까지 생각해보지 못했던 새로운 협력 영역들이 발견될 것이다.

매번 똑같은 행동을 반복하면서 다른 결과를 기대하는 것만큼 바보 같은 짓은 없다. 북한이 우리의 바람대로 행동해 주기를 기대하면서 남북대화를 진행한 시간이 벌써 30년이다. 그 결과 가다 서다를 반복하는 지긋지긋한 패턴이 고착되었다. 이제 이런 어리석은 행동에서 벗어날 때가 되었다.